HEYNE BÜCHER
SACHBUCH

Oluf Martensen-Larsen und Kirsten Sørrig

Große Schwester, kleiner Bruder

Prägung durch die Familie

Wie man Geschwisterkonstellationen
interpretieren und für den
eigenen Lebensweg nutzen lernt

Mit einem Vorwort von
Prof. Dr. Peter Kutter

Aus dem Dänischen von
Kerstin Hartmann und Wolfgang Butt

WILHELM HEYNE VERLAG
MÜNCHEN

HEYNE SACHBUCH
Nr. 19/382

Titel der dänischen Originalausgabe:
FORSTÅ DIT OPHAV OG BLIV FRI
Erschienen 1989 by Hekla Forlag, Kopenhagen

Ungekürzte Taschenbuchausgabe im
Wilhelm Heyne Verlag GmbH & Co. KG, München

Printed in Germany 1995
Umschlagillustration: Elmar Kohn, Landshut
Umschlaggestaltung: Atelier Adolf Bachmann, Reischach
Druck und Verarbeitung: Ebner Ulm

ISBN 3-453-08772-0

Inhalt

II Frühere Generationen

III Karen Blixen

IV Berufswahl, Alkoholismus, Homosexualität

V Ein eigenes Familienschema anlegen

Vorwort

Was bewegt die Menschen heute? Umfragen besagen, daß Friede und Gesundheit in den Wünschen der Bürgerinnen und Bürger an erster Stelle rangieren. Aber nicht Wünsche erhalten Frieden und Gesundheit, sondern harte Fakten aus Ökonomie und Ökologie, aus Politik und Wissenschaft.

Und doch bestimmen auch unsere Wünsche – Ängste – darüber, wie sich die Wirtschaft, die Umwelt, wie sich die Machtverhältnisse zwischen Staaten, Ländern und Städten entwickeln und wie sich die Beziehungen in Familien und zwischen den Menschen in Zukunft gestalten.

Für Wünsche und Ängste sind Psychologie und Psychoanalyse zuständig. In Funk und Fernsehen, in der Presse und in vielen Publikationen häufen sich heute psychologische Themen. Psychologische Ratgeber können freilich den menschlichen Therapeuten nicht ersetzen, sie werden aber viel gekauft und auch gelesen, weil sie für viele eine große Hilfe auf der Suche nach Rat und besserem Verständnis eigener psychischer Schwierigkeiten sind. Dies gilt besonders für das vorliegende Buch, weil es sich hier nicht um eine weitere mehr oder weniger akademische Einführung in die Psychoanalyse oder Familientherapie handelt, sondern um ein Buch, das das Leben selbst schrieb.

Oluf Martensen-Larsen ist im deutschen Sprachraum weitgehend unbekannt. Dies ist mehr als bedauerlich, denn er ist in mehrfacher Hinsicht ein Pionier. Er hat 1948 das Antabus (Disulfiram) in die Alkoholismustherapie international eingeführt; heute setzt er sich für die Verwendung von Apomorphin in ganz besonderer Dosierung ein, das die schwierige Behandlung von Alkoholsüchtigen revolutionieren könnte. Außerdem ist Martensen-Larsen einer der frühen Befürworter der Gruppen-Psychotherapie; er hat schon 1954 auf dem ersten internationalen Gruppen-Psychotherapie-Kongreß in Toronto Gruppentherapie als wirkungsvolles und kostengünstiges Verfahren zur Behandlung von Alkoholikern empfohlen. Schließlich ist Martensen-Larsen in seiner Arbeit mit Alkoholikern auf die große Bedeutung der Familie aufmerksam geworden, und zwar schon 1963, als hierzulande Familiendynamik und -therapie noch weitgehend unbekannt waren.

Ist Martensen-Larsen also ein Großer seines Faches? Ich meine, ja. Dieser dänische Psychiater, der heute in Kopenhagen praktiziert, hat nämlich nicht nur weitreichende Ideen zur Theorie von Alkoholismus, Familien- und Gruppenproblemen entwickelt, sondern er liefert auch medikamentöse und psychotherapeutische Methoden zur effektiven Behandlung. Trotzdem werden seine kreativen Gedanken viel zu wenig zur Kenntnis genommen. Sie liegen nämlich nicht im «Mainstream» der Entwicklung von Psychiatrie, Psychoanalyse und Psychologie, sondern gleichsam quer dazu. Außerdem fehlt Martensen-Larsen das Talent und die Ambition, seine Ideen entsprechend zu vermarkten und unter die Leute zu bringen.

Ich weiß seit vielen Jahren um die ungehobenen Schätze an Wissen, die im Kopf dieses originellen Mannes verborgen sind: Wissen über die Bedeutung der Position in der Geschwisterreihe, über Pseudo-Zwillinge, über die wichtige Rolle der Großeltern, die mit Vater und Mutter als Sitz und Rückenlehne die vier «Beine» des «Stuhls» bilden, auf dem wir sitzen. Fehlt nur ein «Bein», dann wird das Sitzen unsicher, und fehlen gar zwei, dann wird es erst recht unbequem auf dem «Stuhl» unseres Lebens. Ich erfuhr in vielen anregenden Diskussionen von seiner Idee der «Satellitenübertragung», vom «Brennpunkt» im Leben einer Frau, von der schicksalhaften unbewußten Determination von Berufs- und Partnerwahl. Im Januar 1981 hielt er an der Universität Frankfurt am Main einen Vortrag über seine Forschung und deren statistische Absicherung durch eigene Untersuchungen, die durchaus geeignet waren, ein kritisches Publikum zu überzeugen.

Es fehlte nicht an Versuchen, Oluf Martensen-Larsen dazu zu bringen, seine Schätze einem breiteren Publikum zugänglich zu machen. Endlich gelang es der dänischen Journalistin Kirsten Sørrig nach einer Phase intensiver Gespräche und Arbeitssitzungen mit Martensen-Larsen, all das zu Papier zu bringen, was im Kopf des «schreibfaulen» Forschers verborgen war. So konnte der Schatz doch noch gehoben werden.

Damit können viele interessierte Leserinnen und Leser in das Abenteuer «Familie» einsteigen und mit Hilfe der durch Martensen-Larsen vermittelten Informationen sich selbst, ihre Vorfahren, ihre Angehörigen und die ihnen nahestehenden Menschen besser kennenlernen. Sie werden erfahren, welch schicksalhafte Bedeutung die Tatsachen haben, ob man als Einzelkind aufgewachsen, als «Mittlerer» zwischen zwei Brüdern «eingeklemmt», große Schwester eines kleineren Bruders ist – Tatsachen, die für das ganze Leben von Bedeutung sind, besonders für die Wahl von Beruf und Partner/in. Ferner erhält bei Martensen-Larsen die in der Psychoanalyse sträflich vernachlässigte Großelterngeneration endlich das Interesse, das sie verdient.

Mehr wird nicht verraten. Ein Vorwort soll schließlich, wie ein Aperitif zum Essen, den Appetit zum Lesen anregen und nicht das Lesen ersetzen.

Peter Kutter,
Frankfurt am Main, im Januar 1991

Einleitung

«Wie sind wir nur so verschieden geworden?» Großer Bruder und kleiner Bruder, große Schwester und kleine Schwester sehen sich neugierig und verwundert an. «Wir haben doch dieselben Eltern, sind unter denselben Bedingungen aufgewachsen und haben auf demselben Rasen gespielt.»

Aber die große Verwunderung ist unbegründet. Unsere Position in der Geschwisterreihe hat zusammen mit unserem Familienhintergrund entscheidende Bedeutung dafür, wie wir uns entwickeln, in wen wir uns verlieben, mit wem wir glücklich – oder unglücklich – zusammenleben, welche Ausbildung und Arbeit wir wählen und wie unser Lebensweg verläuft.

Die ungeschriebenen Gesetze und Gebräuche der Kindheit schaffen das Grundmuster dafür, wie wir uns später der Umwelt anpassen. Das Mädchen, das als Einzelkind aufwuchs, entwickelt sich ganz anders als jenes, das «eingeklemmt» zwischen zwei Schwestern aufwuchs. Und der große Bruder wird ein vollkommen anderer Typ als der kleine Bruder, der wiederum ganz andere Charakterzüge ausbildet als der mittlere von drei Brüdern.

Auch wenn wir im späteren Leben einer Menge anderer Einflüsse ausgesetzt sind, werden wir doch immer tiefgreifend von unserem Familienhintergrund geprägt sein, beispielsweise davon, ob wir nur Brüder oder Schwestern haben, ob wir das älteste oder jüngste oder mittlere Kind sind, ob wir eingeklemmt sind und zu wenig Zeit und Platz bekommen haben oder ob wir mit mehreren Jahren Abstand zu jüngeren oder älteren Geschwistern geboren sind.

Dieses Buch basiert auf den Erfahrungen des Facharztes Oluf Martensen-Larsen, der seit über vierzig Jahren psychologisch orientierte Familienforschung betreibt und den Familienhintergrund von annähernd 15 000 Personen erfaßt hat. Die Erfassung wurde teils anhand von Stammtafeln vorgenommen, teils geschah sie im Rahmen seiner Tätigkeit als Psychiater.

Ausgangspunkt der Behandlung jedes einzelnen psychiatrischen Patienten war die Erstellung eines Familienschemas (siehe Teil V), in dem nicht allein die Geschwisterposition des Patienten, sondern auch die seiner Eltern, Großeltern und Urgroßeltern aufgezeichnet wurde, um ein besseres Verständnis der Dynamik und Entwicklung der Familie zu gewinnen und die Wurzel eines eventuellen Traumas aufzuspüren. Das Familienschema dient auch dazu, die starken Seiten des Patienten und damit einen Weg aus den Problemen zu finden, der vielleicht bis dahin aufgrund fehlenden Einblicks und mangelnder Anleitung versperrt war.

Ein Familienschema ist ein guter Schlüssel zum besseren Verständnis anderer Menschen. Es gibt ein Grundwissen und einen Leitfaden an die Hand, die für Ärzte, Lehrer, Sozialpädagogen, Psychologen, Pädagogen, Psychiater und alle, die in ihrer täglichen Arbeit eine kräftige Portion Menschenkenntnis nötig haben, eine wertvolle Hilfe sind.

Die Erfassung des Familienhintergrunds ist auch ein gutes Arbeitsinstrument für den einzelnen, der sich selbst besser zu verstehen sucht. Man kann einen Menschen, der seinen Hintergrund nicht kennt, vergleichen mit einer Person, die verwirrt in einem Labyrinth umherläuft und sich auf gut Glück vorwärts tastet. Wenn man dagegen seine Herkunft kennt, gewinnt man Kraft und Freiheit, zielgerichteter zu handeln, zu wählen und Entscheide zu treffen. Man taumelt nicht mehr verwirrt im Labyrinth «Familie» umher, sondern steht darüber und kann erkennen, daß zwar vieles fest angelegt ist, daß es aber auch manche bisher unbekannte Gänge und Ausgänge gibt. Die psychologische Familienforschung soll ein Werkzeug sein, das trotz eines vielleicht schweren Familienerbes zu größerer Handlungsfreiheit verhilft.

Dieses Buch besteht aus fünf Hauptteilen. Der erste handelt davon, wie wir durch unsere Position in der Geschwisterreihe beeinflußt werden: von dem starken und freien Einzelkind, von der Rollenbesetzung in großen und kleinen Geschwisterreihen, von der prinzipientreuen großen Schwester, von den Gründen, warum der älteste Junge der Familie trotz seiner Kronprinzenposition oft sehr viel gehemmter und unsicherer ist als sein fünfzehn Monate jüngerer Bruder, der sich selbstsicher und in der Manier eines Mannes von Welt durchs Leben bewegt.

Es sind bereits mehrere Bücher über die Bedeutung der Geschwisterposition geschrieben worden, ein Thema, das auch den Begründer der Individualpsychologie, Alfred Adler, sehr interessierte. Das ist nicht erstaunlich, denn Alfred Adler war das zweitälteste Kind in der Geschwisterreihe, eingeklemmt zwischen einem älteren und einem jüngeren Bruder, und bekam deshalb nicht ohne weiteres eine Rolle oder Identität, sondern mußte ständig darum kämpfen.

Die bisherige Literatur zu diesem Thema hat indessen gemeinsam, daß sie sich im großen und ganzen auf lediglich eine Generation beschränkte. Der Einfluß von Eltern, Großeltern und Urgroßeltern ist nicht genügend in Betracht gezogen worden, obwohl ihm noch weit größere Bedeutung für unsere Persönlichkeitsentwicklung zukommt als unserer eigenen Geschwisterposition.

Der zweite Teil handelt von dem Einfluß früherer Generationen, der Prägung durch die elterliche oder großelterliche Geschwisterposition. Eltern erziehen häufig unbewußt ihren Sohn oder ihre Tochter nach dem Bild ihrer Mutter oder ihres Vaters und tragen dazu bei, daß bestimmte Charaktermerkmale in der Familie von Generation zu Generation weitergegeben werden.

Oft ersetzen wir unbewußt durch die Wahl eines bestimmten Partners die toten und abgebrochenen Zweige am Familienbaum. Es werden Gründe aufgezeigt, warum die gegenwärtige Generation beinahe wie unter Zwang elterliche Verhaltensmuster wiederholt und sich im Kreis dreht.

Die Hauptperson im dritten Teil ist das eingeklemmte mittlere Mädchen, beispielhaft verkörpert in der dänischen Schriftstellerin Karen* Blixen. Ihr familiärer Hintergrund eignet sich gut für eine konkrete Illustration einiger der Theorien und Zusammenhänge, die in den ersten beiden Hauptteilen des Buchs beschrieben sind.

Der vierte Teil handelt davon, daß auch die Wahl der Ausbildung und des Berufs in gewissem Maß von Geschwisterposition und Familienhintergrund gesteuert sind. Ganz gleich ob man Priester, Offizier, Pilot oder Sozialpädagogin wird, die Wahl wird häufig von den Erwartungen der Eltern und nicht zuletzt dem Einfluß von früheren Generationen geprägt sein.

Eine Disposition für Alkoholismus oder andere Süchte läßt sich ebenfalls häufig auf den Familienhintergrund zurückführen. Alkoholiker sind oft kleine Brüder oder Einzelkinder, aufgewachsen in Familien, die von Perfektionisten dominiert wurden, die haushohe Forderungen an den Jungen stellten, aber ihn nur selten die Dinge selbst tun ließen.

Im fünften und letzten Teil des Buches findet sich zunächst eine Anleitung, wie man ein eigenes Familienschema anlegt und die eigene Geschichte erforscht. Das Buch endet mit einem weiteren konkreten Beispiel. Diesmal ist es Oluf Martensen-Larsen selbst, der nach der Erfassung des Familienhintergrunds von vielen tausend Menschen seine eigenen Familienkarten auf den Tisch legt.

* Karen Blixen ist im deutschen Sprachraum unter dem Namen Tania Blixen bekannt (Anm. d. Verl.).

I Die erste Generation

1 Einzelkinder

In fast jeder politischen Partei findet sich ein felsenfest von sich selbst überzeugter und lautstarker Politiker vom «Ich allein weiß es»-Typ, eine Person, über die man spricht, die immer für Aufsehen und Diskussion sorgt oder es zumindest versucht. Ein Blick auf den familiären Hintergrund wird nicht selten ergeben, daß es sich um ein Einzelkind handelt, das allein mit Mutter oder Vater, Großeltern oder anderen Erwachsenen aufgewachsen ist, für die es übermächtige Bedeutung hatte. Die Erwachsenen haben alles, was das Kind gesagt hat, beeindruckt aufgesogen und damit sein Selbstwertgefühl übermäßig gestärkt.

Einzelkinder dieses Typs sind frühzeitig daran gewöhnt, großen Einfluß zu besitzen und Publikum zu haben. Folglich entwickeln sie ein beträchtliches Machtbedürfnis, da sie in dem Glauben erzogen wurden, ganz einzigartig zu sein.

Politiker, die mit beiden Elternteilen und jüngeren wie älteren Geschwistern aufgewachsen sind, werden meist ein völlig anderer Typ. Sie haben keine scharfen Kanten, sondern eine weiche, aalglatte Haut und eine bemerkenswerte Fähigkeit, sich unbemerkt überall durchzuschlängeln. Sie haben früh gelernt, daß man sich zwischen Vater und Mutter und jüngeren wie älteren Geschwistern durchlavieren muß, wenn man etwas erreichen will. Eine solche Kindheitserfahrung bedeutet, daß sie in der politischen Arena oft wahre Meister der schwierigen Kunst des Kompromisses und Verhandelns werden.

Einzelkinder unter Geschwistern
Abgesehen von dem lautstarken, selbstgefälligen Politikertyp ist es ausgesprochen schwierig, das typische Einzelkind zu definieren, nicht nur weil die Art der Sozialisation eine große Rolle spielt, sondern auch weil der Einzelkindtyp sehr wohl in der Mehrzahl auftreten kann, also auch in Geschwisterreihen. Beträgt nämlich der Altersunterschied zwischen Geschwistern sechs oder mehr Jahre, werden sie viele Charakterzüge des Einzelkindes entwickeln. Der kleine Nachkömmling, der neben den Eltern auch noch all seine älteren Geschwister als eine Art Reserveeltern bekommt, ist ein Musterbeispiel.

Kindern aus geschiedenen Ehen, die ihrem Vater oder ihrer Mutter in eine neue Paarbeziehung folgen, wird ebenfalls häufig ein deutlicher Einzelkindstatus zuteil. Die Kinder beider Seiten dürfen in der Regel diesen Status auch dann behalten, wenn die neue Familie durch eventuelle gemeinsame Kinder erweitert und zur Großfamilie wird.

Kinder von Einzelkindern entwickeln oft ebenfalls Charakterzüge des Einzelkindes, weil sie wie Einzelkinder erzogen werden. Väter oder Mütter, die selbst Einzelkinder waren, werden nämlich unabhängig davon, ob sie zwei, drei oder vier Kinder haben, unbewußt dazu tendieren, alle Kinder wie Einzelkinder zu behandeln.

Echte Einzelkinder hingegen können Einflüssen ausgesetzt sein, die ihre sonst typischen Charaktereigenschaften neutralisieren. Wenn sie beispielsweise in eine Kinderkrippe kommen und danach in einen Kindergarten oder in die Vorschule, werden sie zu einer völlig anderen, weicheren Version des Einzelkindes als diejenigen, die bis zum Erreichen des Schulalters zu Hause bleiben. Doch selbst Einzelkinder, die eine lange Kindergartenkarriere hinter sich haben, werden nachhaltig von ihrem Einzelkinddasein geprägt, da sie nur einen Teil des Tages in den Institutionen verbringen, ansonsten aber zu Hause bei Mutter und Vater ihre Rolle voll ausleben.

Entscheidend für die Persönlichkeitsentwicklung des Einzelkindes ist auch, ob es mit beiden Elternteilen aufwächst oder nicht. Da man oft beobachtet, daß Einzelkinder aus zerbrochenen Beziehungen zu einem Ersatz für den fehlenden Partner werden, muß betont werden, daß die Beschreibung der Einzelkinder in diesem Abschnitt sich ausschließlich auf solche bezieht, die mit beiden Elternteilen aufwachsen.

Astronauten waren Einzelkinder

Es ranken sich viele Mythen um das Einzelkind. Einer der zählebigsten besagt, daß Einzelkinder immer unselbständig und verwöhnt werden und permanent Aufmerksamkeit fordern. Das kann auch tatsächlich so sein, wenn die Eltern sich mit all ihrer erzieherischen Energie auf das Kind stürzen und ihm alle Verantwortung und jegliche Aufgaben abnehmen. Doch die meisten bekommen in ihrer Kindheit eine große Menge an Vorteilen mit auf den Weg. Die wichtigsten sind Selbstvertrauen und der Glaube an die eigenen Fähigkeiten. Daß Einzelkinder diese in außergewöhnlichem Ausmaß entwickeln, veranschaulicht eine Untersuchung, die zeigt, daß die Mehrzahl der berühmten Astronauten Einzelkinder waren, die im Glauben an die eigenen Fähigkeiten buchstäblich den Weg ins Unbekannte wagten.

Wie diese Astronauten entwickeln Einzelkinder generell einen etwas weiteren Horizont als andere Gleichaltrige, weil keine Geschwister da sind, die ihnen den Weg oder die Aussicht versperren. Ein anderer Vorteil ist, daß sie von Geschwisterkonflikten und Machtkämpfen verschont bleiben und sich diesen weder unterwerfen noch sich gegen sie behaupten müssen. Das Einzelkind wird stark und unabhängig. Auch als Erwachsener wird es in der Beziehung zu anderen Menschen unabhängiger sein als andere. Zum Beispiel wird es am Arbeitsplatz nicht die Geschwisterbeziehung neu durchleben. So kann man oft beobachten, daß ein kleiner Bruder seine Kollegen als große Geschwister betrachtet, während Erstgeborene ihre Kollegen auf dieselbe Weise bevormunden, wie sie es früher mit ihren kleinen Geschwistern getan haben. Einzelkinder können ihre Stellung in der Gruppe, in die sie hineinkommen, in wesentlich größerem Maß frei bestimmen. Sie hängen nicht an ihrer Sonderposition, sondern können sie auch anderen überlassen. Sie genießen es, die treibende Kraft zu sein, oft jedoch ohne an ihr eigenes Prestige zu denken.

Vertraute der Eltern

Viele Einzelkinder werden früh zu Vertrauten der Eltern. Sie sind viel mit Erwachsenen zusammen, nehmen an deren Alltag teil und diskutieren alle möglichen Themen und Fragen mit ihnen. Da die Eltern sie an ihrem täglichen Leben teilhaben und ihnen von klein auf viel Unterstützung und Aufmerksamkeit zukommen lassen, haben Einzelkinder häufig schon in der Schule anderen Kindern gegenüber einen gewissen intellektuellen Vorsprung.

Das Einzelkind beherrscht grundsätzlich den Umgang mit Erwachsenen und Autoritären besser als Kinder mit einem anderen Familienhintergrund. Es ist es gewohnt, zu den Eltern aufzusehen, und entwickelt daraus eine besondere Fähigkeit, das Interesse der Erwachsenen auf sich zu lenken. Ein Großteil seines Erfolgs im Klassenzimmer beruht denn auch darauf, daß es die Gabe hat, den Lehrern das Gefühl zu geben, gute Lehrer zu sein. Wenn die anderen Kinder unaufmerksam sind oder eine Frage nicht verstehen, dann sitzt das «wohlerzogene» Einzelkind brav da und kommuniziert direkt mit dem Lehrer, wobei es sich im übrigen auch oft sicherer fühlt als im Umgang mit Gleichaltrigen. Für die Klassenkameraden wiederum sind Einzelkinder nicht gerade die beliebtesten Spielkameraden. Dafür sind sie häufig zu altklug und «vernünftig». Außerdem werden sie von den Mitschülern oft als egoistische Streber erlebt. Trotzdem haben Einzelkinder in der Klasse wichtige Funktionen. Die anderen Kinder lernen nämlich schnell, das überzeugendste Kind zu benutzen, um sich bei den Pädagogen einzuschmeicheln. Wenn eine Delegation gebildet wird, um den Lehrer zu überreden, mit der Klasse einen Waldausflug zu machen, dann wird das Einzelkind als Verhandlungsführer an der Spitze stehen.

Auch aus der dem Einzelkind eigenen Neutralität verstehen die anderen Kinder ihren Vorteil zu ziehen und dessen Fähigkeit auszunutzen, die Dinge mit einem gewissen Abstand zu betrachten. Einzelkinder schließen sich selten Gruppen oder Fraktionen an, sondern beziehen von Fall zu Fall Stellung. Sie haben zu Hause nie Rivalen gehabt und lassen sich von Rivalitätskonflikten deshalb nicht mitreißen.

Während Erstgeborene eine Entthronung erleben, wenn das nächste Kind zur Welt kommt, bleibt dies dem Einzelkind erspart; aber es kann einen Schock bedeuten, in den Kindergarten zu kommen und entdecken zu müssen, daß die Welt voller Kinder ist. Je länger es vorher zu Hause gewesen ist, um so stärker und frustrierender wirkt diese Entdekkung.

Einzelkinder gehen eigene Wege und verfolgen eigene Ziele. Wenn während des Klassenausflugs eines der Kinder verschwindet, dann ist es wahrscheinlich ein Einzelkind, das eifrig und selbstvergessen seinen Interessen nachgeht. Eigentlich ist die Klasse losgezogen, um sich Vogelstimmen anzuhören, aber das Einzelkind hat beschlossen, daß Tannenzapfen um vieles spannender sind, und verwendet all seine Kraft und Energie darauf, diese zu sammeln – mögen die Vögel soviel zwitschern, wie sie wollen.

Erwachsene Einzelkinder bewahren sich diese Eigeninitiative. Sie sind sehr stark auf ihre Arbeit fixiert – aus der tiefen Überzeugung heraus, daß ihre Aufgabe wichtiger ist als jede andere. Das zeugt von Selbstvertrauen, das in der Regel gerade auf diesem Gebiet ausgesprochen gesund ist. Darüber hinaus scheint es aber nicht besonders zweckmäßig, da es gleichzeitig bedeutet, daß Einzelkinder unbewußt die Arbeit oder den Einsatz anderer nicht so schätzen, wie diese es vielleicht verdienten. Einzelkinder betrachten sich entsprechend häufig als besonders wichtig und an ihrem Arbeitsplatz vollkommen unersetzbar. Überhaupt scheint dieser allein für sie geschaffen zu sein – wo sollten sie sonst all ihre Talente entfalten?

Auch wenn Einzelkinder ichbezogen sind, können sie gut mit anderen zusammenarbeiten. Sie finden zwar schnell ihre Nische, die sie dann für die allerwichtigste halten, sind aber aufgrund ihres sozialen Status oft diejenigen, die eine Gruppe zusammenhalten. Kein anderer besitzt so ausgeprägt die Fähigkeit, rivalisierende Streithähne unter einen Hut zu bringen.

Eher väterliche Gönner als Freunde

Materielle Güter und äußeres Prestige bedeuten Einzelkindern nicht besonders viel. Sie haben nichts dagegen, mit anderen zu teilen, weil sie sich nie übergangen gefühlt, sondern immer bekommen haben, was ihnen zustand. Sie entwickeln ein wesentlich entspannteres Verhältnis zu ihrem Eigentum als ein kleiner Bruder, der die ausrangierten Fahrräder von mehreren Generationen älterer Geschwister erbt und ewig in der Angst lebt, die älteren könnten ihm sein Spielzeug wegnehmen.

Das mangelnde Interesse an materiellen Gütern prägt auch die berufliche Laufbahn der Einzelkinder. Sie nehmen alle Beförderungen und Sympathiebekundungen als Selbstverständlichkeit und ohne überwältigende Dankbarkeit entgegen. Sie finden, daß sie diese besondere Aufmerksamkeit verdienen. Anderseits nehmen sie es gelassen hin, wenn andere vor ihnen befördert werden. Das Interesse für Kunst, Kultur und nicht zuletzt geistige Phänomene beschäftigt Einzelkinder mehr als beruflicher Erfolg. Das Einzelkind träumt nicht von einem großen Wagen, außer es sei in einem Milieu aufgewachsen, wo Geld und Statussymbole große Bedeutung für die Lebensgewohnheiten der Eltern hatten.

Als Kinder kommunizieren Einzelkinder oft besser mit Erwachsenen als mit anderen Kindern, eine Eigenschaft, die sie durchs ganze Leben begleitet. Die Kritik aus der Kindheit, daß sie den Lehrern Honig um den Mund streichen, wird sich später dahin ausweiten, daß sie dem Chef Honig um den Mund streichen. Etwas ist an der Sache dran, weil ein Mann, der als Einzelkind aufgewachsen ist, seinen Freunden kaum die gleiche Bedeutung beimessen wird wie väterlichen Gönnern. Am wohlsten fühlt er sich in der Gesellschaft von Männern, die in ihrer Geschwisterreihe die ältesten Brüder waren, während das weibliche Einzelkind sich mit älteren Schwestern am besten versteht. Die älteren Geschwister werden das Einzelkind indessen oft reichlich anstrengend finden, weil es nicht gewöhnt ist, Befehlen zu gehorchen, und nicht sonderlich begeistert ist, wenn man ihm Aufgaben zuteilt. Der große Bruder und die große Schwester sind dagegen allzeit bereit, Aufgaben zu verteilen oder gute Ratschläge zu erteilen, und damit hören sie auch nicht auf, wenn die Einzelkinder deutlich zu erkennen geben, daß sie sich nicht herumkommandieren lassen. Sie entscheiden selbst, was wichtig ist, und fühlen sich nicht dazu verpflichtet, die Ideen anderer in die Tat umzusetzen. Ihr Ehrgeiz kann nicht angestachelt werden, es sei denn, sie interessieren sich wirklich für eine Sache. Es ist auch charakteristisch, daß das Einzelkind keine Ambitionen hat, im Vordergrund zu stehen. Es will nicht General vor einer Kompanie sein, viel lieber Ratgeber oder noch lieber freier Berater. Es ist Initiator, und es ist ihm gleichgültig, wenn andere die Früchte und die Anerkennung für seine Initiative ernten.

Wenn Vater und Mutter Einzelkinder sind

Das Einzelkind als Mann und Vater ist ein Kapitel für sich. Mehr als andere Männer wünscht er, Mittelpunkt zu sein. Und mehr als andere Männer wird er auf seine eigenen Kinder eifersüchtig sein. Bei der Partnerwahl wird er am stärksten von einem anderen Einzelkind angezogen, von einer großen Schwester oder eventuell von einer Frau, die ein paar Jahre älter ist als er selbst. Es muß in jedem Fall eine Frau mit mütterlicher Neigung sein, die ihn bewundert und bereit zu sein scheint, sich seinen faszinierenden Hobbys, Interessen, seiner einzigartigen Laufbahn und ebenso einzigartigen Persönlichkeit unterzuordnen. Wenn sie hübsch ist, ist es gut, aber das Entscheidende ist für ihn der geistige Kontakt. Er braucht kcin schickes Glanzbild, um es der Umgebung zur Festigung der eigenen Position vorzuzeigen – er ist ja hinreichend einzigartig, so wie er ist.

Als Ehemann macht er keine großen Anstrengungen, seine eigenen Bedürfnisse mit denen seiner Frau in Übereinstimmung zu bringen. Hier wie in vielen anderen Belangen gilt für ihn mehr als für Männer mit Geschwistern, daß er sich selbst der Nächste ist. Das zeigt sich auch an seinen Reaktionen auf Personenverluste. Der Tod der Eltern oder der Verlust seiner mütterlichen Frau oder Freundin ist das einzige, das ihn richtig hart trifft.

Das weibliche Einzelkind wirkt als Ehefrau und Mutter oft selbst ein wenig wie ein Kind, wenn die Eltern sie verwöhnt und vergöttert haben. Bei einem solchen Hintergrund fällt es ihr schwer, zu akzeptieren, daß es plötzlich die eigenen Kinder sind, die im Mittelpunkt stehen, und sie läßt ihnen häufig nicht den Raum, den sie verdienen und auch brauchen. Sie ist aufs Ganze gesehen auch nicht sonderlich daran interessiert, Kinder zu haben – sie hat doch ihren einzigartigen, spannenden Beruf. Da sie selbst Einzelkind ist, heißt Kinder zu bekommen für sie, ein Einzelkind zu bekommen und nicht eine ganze Schar. Wenn sie Kinder hat, sieht sie oft in höherem Maß als andere Mütter sich selbst in den Kindern und zieht sie unbewußt als Einzelkinder auf. Sie werden egoistischer als andere, wofür sie später im Leben büßen müssen, weil sie unbewußt erwarten, daß sie immer im Zentrum sind. Sind sie das nicht, fühlen sie sich enttäuscht und verlassen.

Der beste Partner des weiblichen Einzelkinds ist ein ehemaliger älterer Bruder mit vielen Schwestern. Im Gegensatz zu einem kleinen Bruder kann er die Rolle eines elterlichen Partners, der stützt und bewundert, übernehmen. Ihre beste Freundin hat meist die gleiche Geschwisterposition wie ihre Mutter, denn das ist der Frauentyp, auf den sie eingespielt ist. Auch wenn sie viele Freundinnen findet, setzt sie den Einzelkontakt am höchsten an. Sie ist nicht der Typ, der Freundinnen in Basisgruppen oder bei großen Gemeinschaftsessen trifft; statt dessen trifft sie sie einzeln und setzt damit das Muster aus der Kindheit fort, als es auch zwei Mädchen waren: Mutter und sie selbst. Wie für das männliche Einzelkind ist auch für sie der schwerste Verlust, der sie treffen kann, der ihrer Eltern oder ihres väterlichen Mannes.

Einzelkinder heiraten Einzelkinder – und bekommen selbst Einzelkinder

Einzelkinder heiraten häufig Einzelkinder, was zu schwerwiegenden Problemen führen kann. Er sucht in ihr eine starke Mutter, sie in ihm einen starken Vater, aber das werden sie nicht immer füreinander sein können. Charakteristisch für Einzelkinder ist auch, daß sie die Tradition des Einzelkinds weiterführen, es sei denn, sie zählen zu dem Typ, der sagt: «Meine Kinder sollen auf jeden Fall nicht auch Einzelkinder sein» und sich gleich eine ganze Schar anschafft.

Die Kinder von Einzelkindern wirken häufig nach außen altklug, leiden aber an einer großen inneren Unsicherheit. Sie sind weltfremd, weil sie nicht hinreichend dazu angeleitet wurden, sich sozial zu verhalten, aber auch weil ihr Vater oder ihre Mutter es nicht so einfach haben, sich in die Welt der Kinder einzufühlen wie Eltern, die mit Geschwistern aufgewachsen sind. Wenn beide Eltern des Einzelkinds selbst Einzelkinder gewesen sind, wird die Isolation des Kindes noch verstärkt, und es entwickelt sich häufig sowohl innerlich wie äußerlich zu einem Einzelgänger mit schwach ausgeprägter sozialer Anpassungsfähigkeit.

Eine andere Möglichkeit ist, daß das Einzelkind der zweiten Generation wie ein großer Bruder oder eine große Schwester geformt wird, manchmal sogar geradezu als Vater oder Mutter für seine Eltern. Beides sind so schwierige und anspruchsvolle Rollen, daß das Kind überfordert wird und keine Möglichkeit bekommt, sich harmonisch zu entwikkeln. Dieser Fall tritt ein, wenn die Eltern selbst von einem dominierenden Elternteil – oder einem Geschwister von gleichem Geschlecht wie das Kind – abhängig gewesen sind. Das Einzelkind wird also dazu erzogen, ein Ersatz für die einst dominierende Person der elterlichen Kindheit zu werden.

2 Die Zwei-Kinder-Familie

So wie in einer Geschwisterreihe sehr wohl Einzelkindercharaktere auftreten können, etwa in der Rolle des niedlichen Nachkömmlings, so entspricht in der Familie mit zwei Kindern das Rollenmuster häufig dem Modell weitaus kinderreicherer Familien. Dabei fällt ganz entscheidend der Altersunterschied zwischen den Kindern ins Gewicht, denn er ist es, der sie verschiedenen Kategorien zuordnet.

Sind beispielsweise die ältesten Kinder zwei kurz nacheinander geborene Mädchen, denen nach einer Pause von sechs bis sieben Jahren zwei Jungen folgen, so weisen die beiden Mädchen häufig zahlreiche Gemeinsamkeiten mit den Mädchen einer Familie auf, die nur zu zweit waren. Und die Jungen zeigen viele Züge eines Rollenverhaltens, das für die Familie mit zwei Jungen typisch ist. Man ist stets von den Geschwistern am stärksten geprägt, die einem in der Reihenfolge unmittelbar voraufgehen oder nachfolgen. Zu ihnen entwickelt man die intensivsten Bindungen.

Bei einer Familie mit drei Kindern, von denen das älteste ein Junge, das mittlere ein Mädchen und das jüngste ebenfalls ein Mädchen ist, hängt es weitgehend vom Abstand zwischen den Kindern ab, wie ihre Entwicklung verläuft. Liegen beispielsweise jeweils vier bis fünf Jahre zwischen den Kindern, bilden die beiden ältesten das Rollenmuster der Zwei-Kinder-Familie mit dem großen Jungen und dem kleinen Mädchen aus. Und die beiden Mädchen nehmen untereinander manches von der Rollenverteilung an, wie sie in einer Familie mit zwei Mädchen besteht. Doch da die beiden Mädchen einen Bruder haben, fällt es besonders der mittleren, die viele Jahre in einer Zwei-Kinder-Familie mit einem älteren Bruder gelebt hat, meist leichter, Männer zu verstehen, als wenn sie nur mit einer kleinen Schwester aufgewachsen wäre.

Generell läßt sich feststellen, daß die Anzahl der Geschwister typische Charakterzüge verstärkt. Die große Schwester von sechs kleinen Geschwistern entwickelt sich zu einer weitaus dominierenderen Person und ist von Regeln und Konventionen abhängiger als eine Frau, die als Mädchen lediglich einen kleinen Bruder erziehen und hüten mußte. Aber auch in Zwei-Kinder-Familien bekommen die Kinder eine klare Rollenverteilung und Identität durch die Verantwortung und die Erwartungen, die in ihrer Eigenschaft als ältestes bzw. jüngstes Kind der Familie an sie gerichtet werden.

Entthront

Alle Kinder mit jüngeren Geschwistern sind durch eine einschneidende Erfahrung geprägt: Sie sind entthront worden. Und dies hat nachhaltige Wirkung. Vor allem, wenn man der oder die Erstgeborene ist oder wenn vier oder fünf Jahre Abstand zum nächsten Kind besteht. Wie tiefgreifend dieses Ereignis für den schwedischen Filmregisseur Ingmar Bergman gewesen ist, kann man in seinen Lebenserinnerungen «Laterna Magica» nachlesen. Schon auf der zweiten Seite beschreibt er, wie er die Ankunft eines neuen Geschwisters erlebte, und das, obgleich er nicht einmal das älteste Kind der Familie war:

> «Meine Schwester wird geboren, ich bin vier Jahre alt, und die Situation verändert sich radikal: Eine fette, mißgestaltete Person spielt plötzlich die Hauptrolle. Ich werde aus dem Bett meiner Mutter vertrieben, mein Vater strahlt angesichts des brüllenden Bündels. Der Dämon der Eifersucht hat seine Kralle in mein Herz geschlagen,

ich bin rasend, weine, scheiße auf den Fußboden und beschmutze mich. Mein großer Bruder und ich, ansonsten Todfeinde, schließen Frieden und machen Pläne, wie man das abscheuliche Geschöpf auf verschiedene Weisen umbringen kann. Aus diesem oder jenem Grund meint mein Bruder, daß ich am besten geeignet bin, die Tat auszuführen. Ich fühle mich geschmeichelt, und wir warten auf eine passende Gelegenheit.»

Das Attentat mißglückte trotz beharrlicher Anstrengungen, und die Schwester überlebte.

Sicher erleben oder erinnern nicht alle ihre Entthronung so dramatisch wie Ingmar Bergman. Aber immer wird sie ein Ereignis sein, das tiefe Spuren hinterläßt. Wie tief sie sind, hängt vom Altersunterschied zwischen den Geschwistern und vom Verhältnis zwischen den Eltern und den einzelnen Kindern ab. Ein Kind, dem schnell eine kleine Schwester oder ein kleiner Bruder folgt, kann sich durch das jüngere stark bedrängt fühlen; aber die Entthronung kann auch tief empfunden werden, wenn der Altersunterschied so groß ist, daß das Älteste gelernt hat, sich als alleinherrschend zu sehen – und diese Position genießt. Wenn die Eltern ein sehr enges Verhältnis zum ältesten haben, wird die Entthronung nicht so brutal empfunden, als wenn es sich zum Beispiel um das lange erwartete Mädchen handelt, das nach ein paar Jungen kommt.

Die zitierte Passage aus «Laterna Magica» ist auch ein glänzendes Beispiel für die Rollenverteilung zwischen zwei Brüdern. Es ist der große Bruder, der bestimmt, der die Führung an sich reißt und der mit Schmeicheleien den kleinen Bruder dazu bringt, Aufgaben wie beispielsweise die Beseitigung kleiner Schwestern zu übernehmen. Bevor wir zur Beschreibung zweier Brüder und ihres Verhältnisses sowie der Rollenverteilung zwischen ihnen kommen, wollen wir noch etwas näher eingehen auf zwei Geschwister, die so dicht nacheinander geboren sind, daß sie als Pseudo-Zwillinge bezeichnet werden. Zunächst jedoch ein paar Worte über «echte» Zwillinge.

«Bruder auch haben»

Zwillinge nehmen im Rahmen der Geschwisterbeziehungen eine Sonderstellung ein. Entscheidend ist, ob sie eineiige oder zweieiige Zwillinge sind. Während zweieiige Zwillinge oft in einem konkurrenzbetonten Verhältnis aufwachsen, sind Machtkampf und Konkurrenz für ein eineiiges Zwillingspaar ein nahezu unbekanntes Phänomen. Sie durchlaufen eine gemeinsame Entwicklung, passen gut aufeinander auf und sorgen dafür, daß der andere nicht zu kurz kommt: «Bruder auch haben» waren bezeichnenderweise die ersten Worte, die ein eineiiges Zwillingspaar sagen konnte. Sie geraten zum ersten Mal in eine Konfliktsituation, wenn sie eine Partnerschaft eingehen; denn der oder die Liebste wird es nur schwer akzeptieren können, daß die Zwillinge einander soviel bedeuten, wie es nun einmal der Fall ist.

Zweieiige Zwillinge empfinden nur selten die gleiche tiefe Zusammengehörigkeit und werden eher mit einer Rollenverteilung aufwachsen, die zahlreiche Berührungspunkte mit den Hauptpersonen des nächsten Abschnitts, den sogenannten Pseudo-Zwillingen hat.

Pseudo-Zwillinge

Dänische Frauen bekommen im Durchschnitt 1,5 Kinder. Sie gehören zu den Frauen mit der niedrigsten Geburtenrate der Welt und zu denen, die ihre Schwangerschaften am sorgfältigsten planen. Ein oder zwei Kinder pro Familie sind die Norm, vier wirken nahezu extravagant, und fünf liegen im Bereich des Exzentrischen. Als der Inbegriff einer «vernünftigen» Planung gilt, zwei Kinder kurz hintereinander zu bekommen, doch erst, wenn beide Eltern ihre Ausbildung abgeschlossen, vorzugsweise auch ein gutes Stück von der

Welt gesehen und danach ein paar Jahre gearbeitet haben, so daß sie in einer gesicherten Position im Beruf etabliert sind. Ganz und gar rational und vernünftig. Nur für die Kinder nicht. Die werden nämlich als Pseudo-Zwillinge aufwachsen, und das kann ihnen im späteren Leben ernste Probleme bereiten.

Die Bezeichnung Pseudo-Zwillinge wird für Geschwister gebraucht, deren Altersunterschied geringer ist als achtzehn Monate; doch selbst Kinder mit bis zu zwei Jahren Altersunterschied können vom Pseudo-Zwillings-Effekt geprägt sein. Kinder, die kurz nacheinander geboren sind, fühlen sich häufig bedrängt, weil die Mutter nicht Zeit hat, sich um beide ausgiebig zu kümmern.

Ein Kind, das bereits im Säuglingsalter einen Konkurrenten bekommt, kann dadurch fürs Leben geprägt werden und wird nicht aufhören, sich vernachlässigt zu fühlen. Häufig konkurriert das Ältere unbewußt weiter um die Aufmerksamkeit der Mutter und entwickelt das Gefühl, daß das Nachgeborene ein Gegner ist, der ihm den Platz an der Brust der Mutter und damit zugleich ihre Liebe und Fürsorge stiehlt.

Der kleine große Bruder

Damit jedes Kind Raum hat, sollten drei bis vier Jahre zwischen ihnen liegen. Ein Kind hat nicht nur ein Bedürfnis nach, sondern auch einen Anspruch auf die ganze Zärtlichkeit, die die Eltern ihm geben können, bis es mindestens zwei Jahre alt ist; in den ersten Jahren besteht keine Gefahr, daß sie es zu sehr verwöhnen. Doch es geht nicht nur um Liebe und Muttermilch. Ein Junge, der eine Pseudo-Zwillings-Schwester hat, wird schnell von ihr überholt werden, weil Mädchen sich rascher entwickeln als Jungen. Er hat deshalb schon im frühen Alter das Gefühl, von seiner kleinen Schwester bedrängt und übertrumpft zu werden, die offensichtlich ebensoviel kann wie er, auch wenn sie die jüngere ist. Seinem Selbstvertrauen wird ein übers andere

Mal ein Schlag versetzt, wohingegen das der Schwester wächst und wächst. Wo er sich unzulänglich und unsicher fühlt, ist sie fest davon überzeugt, daß sie alles kann – und noch mehr schafft. Die Eltern verschlimmern die Situation dadurch, daß sie dem Mädchen mehr Aufgaben übertragen, weil sie die reifere und praktischere ist. Sie wird das große tüchtige Mädchen, das auf seinen «kleinen» großen Bruder aufpaßt.

Eltern, die sich des Problems bewußt sind, können viel tun, um den Kindern einen gerechteren Start zu ermöglichen. Nicht dadurch, daß sie das Mädchen bremsen, sondern indem sie dem Jungen Verantwortung und Aufgaben übertragen, die seinem Entwicklungsstadium angemessen sind. Besonders wichtig ist es, daß die beiden Kinder nicht gegeneinander ausgespielt werden. Statt sie dazu anzuhalten, gemeinsame Interessen zu verfolgen und gemeinsame Spielkameraden zu haben, sollte man darauf hinarbeiten, ihre individuellen Interessen zu fördern und sie in ihren spezifischen Fähigkeiten zu bestärken.

Vermutlich wird der Abstand zwischen den Pseudo-Zwillingen in der Pubertät wieder ausgeglichen. Doch in vielen Fällen ist der Mann zeitlebens der Auffassung, daß Frauen überlegen sind, und wird verschlossen, introvertiert und unsicher. Paradoxerweise bricht er aus diesem Schema nicht aus, indem er als Partnerin eine schwache Frau sucht, sondern wählt den Typ der starken und effektiven großen Schwester, die in nahtlosem Übergang die Pseudo-Zwillings-Schwester ersetzt. In einem solchen Fall wird es ihm kaum je gelingen, sich aus dem Abhängigkeitsverhältnis zu lösen.

Das jüngere, selbständige Pseudo-Zwillings-Mädchen, das stark und selbstsicher durchs Leben geht, heiratet bezeichnenderweise einen kleinen Bruder, der sie als Stütze braucht, und wiederholt damit das Verhältnis zum Bruder.

Wenn das Mädchen älter ist

Pseudo-Zwillings-Paare, bei denen das Mädchen älter als der Junge ist, haben nicht annähernd die gleichen Probleme, weil das Mädchen vom Jungen nie in der gleichen Weise ausmanövriert wird. Da Mädchen sich schneller entwickeln als Jungen, erscheint der Altersunterschied größer, als er in Wirklichkeit ist. Ihr Verhältnis ist daher weitgehend dem zwischen großer Schwester und kleinem Bruder in der Zwei-Kinder-Familie vergleichbar, auf das später eingegangen wird.

Der gehemmte Kronprinz

Bei Pseudo-Zwillings-Jungen sieht man häufig, daß der ältere zurückhaltender und introvertierter ist. Er gleicht keineswegs dem selbstsicheren echten großen Bruder, der sich infolge des großen Altersunterschieds zum Brüderchen in seiner Kronprinzen-Position nicht bedroht fühlt. Mit einem nur sechzehn bis achtzehn Monate jüngeren Bruder ist nämlich viel schwerer fertig zu werden. In einem solchen Pseudo-Zwillings-Verhältnis wird der jüngere oft der selbstsicherere, aufgeschlossenere und aktivere sein. Er entwickelt enormes Selbstvertrauen, da er auf fast allen Gebieten mit dem älteren Bruder konkurrieren kann. Zudem sind die Erwartungen an ihn nicht im entferntesten so hoch und belastend wie an den Erstgeborenen. Also entwickelt er sich viel freier und selbständiger. Während der große Bruder sich oft unter Druck fühlt und aufgrund seines ewigen Gefühls von Unzulänglichkeit gehemmt und unsicher auftritt, hat der kleine Bruder die Manieren eines Weltmannes und genießt seinen Platz an der Sonne.

Pseudo-Zwillings-Jungen, die sehr kurz nacheinander geboren sind, tragen nach außen hin nicht annähernd so offensichtliche Machtkämpfe aus, als wenn zweieinhalb Jahre zwischen ihnen lägen. Im letzteren Fall muß der Jüngere wirklich seine ganze Kraft mobilisieren, um mit dem Älteren konkurrieren zu können, was ihr Verhältnis sehr angespannt macht. Bei Pseudo-Zwillingen dagegen kann Bruder Nummer zwei beinahe immer mit dem großen konkurrieren, wenn er sich dazu entschließt, und in der Regel wird er den Kampf aufnehmen und auf den Gebieten, die ihm etwas bedeuten, die Führerrolle an sich reißen. Er ist dazu in der Lage, weil er sich darauf konzentrieren kann, auf einigen wenigen Gebieten die Vormacht zu gewinnen; dagegen fühlt sich der ältere Bruder auf allen Gebieten bedrängt, und seine Anstrengung, die Führungsrolle zu behalten, ist diffuser. Der jüngere hat auch deshalb die Möglichkeit, seinen großen Bruder hinter sich zu lassen, weil er in den ersten Lebensjahren besser «aufgeladen» worden ist und nicht zu früh von der Mutter beiseite geschoben wurde.

Die beiden Pseudo-Zwillings-Jungen sind meist sehr abhängig voneinander und entwickeln oft Aggressionen gegeneinander. Doch versuchen sie, diese zu verdecken und statt dessen ihre Aggressionsbereitschaft gegen andere vom gleichen Geschlecht zu richten. Bei Minderjährigen kann man dies an kleinen Rivalitäten und Raufereien beobachten, die indessen relativ harmlos bleiben. Die Krallen kommen nämlich erst ernstlich zum Vorschein, wenn sie als Erwachsene in Konkurrenz zu anderen Männern treten. Im Unterschied zu Einzelkindern, die nie Rivalen gehabt haben und deshalb Konkurrenzsituationen viel gelassener nehmen, sind Pseudo-Zwillings-Brüder mit einer latenten Alarmbereitschaft aufgewachsen.

Pseudo-Zwillings-Jungen können sich nur schwer beherrschen, und ihre gut verborgenen Bruder-Aggressionen werden während ihres ganzen Lebens in den unerwartetsten Situationen auftauchen. Wenn sich beispielsweise in einem angenehmen Wohnviertel ein grotesker Streit zwischen Nachbarn abspielt, kann man mit hoher Wahrscheinlichkeit davon ausgehen, daß die ansonsten vernünftigen und kultivierten Nachbarn, die sich plötzlich spinnefeind sind und Amok laufen, je in einer Pseudo-Zwillings-Situation aufgewachsen sind.

Die gekränkte Würde der großen Schwester

Zwei Pseudo-Zwillings-Schwestern konkurrieren oft ebenfalls in ungewöhnlich hohem Grad miteinander. Je näher sie sich altersmäßig sind, um so härter ist die Konkurrenz. Häufig dürfen sie die Konflikte nicht im gleichen Umfang wie Jungen ausleben, sondern sind gezwungen, ein hohes Maß an Aggressionen zu unterdrücken. Diese Tendenz wird verstärkt durch die unklare Verteilung von Verantwortung, die häufig zwischen ihnen besteht und die das Verhältnis zwischen ihnen sehr angespannt macht, nicht zuletzt, weil die Jüngere oft versucht, die Ältere zu übertrumpfen und dadurch deren Würde als große Schwester zu verletzen. Wenn dies während der gesamten Kindheit immer wieder geschieht, wird die Ältere verschlossen und unsicher – und vielleicht unnachgiebig, weil sie das ihr Zustehende ständig verteidigen mußte. Die Kleinere, die mehr bekommen hat, wird auch mehr geben können und weniger kleinlich werden. Es fällt ihr leichter, ihre Gefühle zu zeigen und auf andere Menschen einzugehen. Aufgrund der diffusen Rollenverteilung ist die Ältere häufig nicht so mütterlich und verantwortungsbewußt wie die meisten anderen ehemaligen großen Schwestern, die Jüngere dagegen ist selten so frei und unbekümmert wie andere kleine Schwestern. Sie sind nicht in klar abgegrenzte Rollen hineingewachsen, sondern haben einander überlappt. Doch auch wenn die Schwesternrollen unklar sind und sie im späteren Leben keine typischen Vertreterinnen der großen bzw. kleinen Schwester sind, so kommt es doch selten vor, daß die Jüngere die Ältere in so markanter Weise hinter sich läßt, wie es beim Pseudo-Zwillings-Paar mit einem älteren Bruder und einer jüngeren Schwester der Fall ist. Da Mädchen sich nicht in unterschiedlichem Tempo entwickeln, ist die große Schwester nicht im entferntesten so bedroht durch ihre kleine Schwester wie ein großer Bruder, dem die aufgeweckte kleine Schwester ständig auf den Fersen ist.

Die beiden Pseudo-Zwillings-Schwestern konkurrieren

häufig punkto Weiblichkeit miteinander. Sind sie die einzigen Kinder der Familie, werden sie um die Aufmerksamkeit des Vaters direkt wetteifern. Beide geben später etwas älteren, väterlichen Männern den Vorzug, während zwei Pseudo-Zwillings-Jungen nicht besonders gut mit Frauen zurechtkommen, die große Schwestern sind, sondern zu ehemaligen kleinen Schwestern leichter Zugang finden.

Kampfbereite Pseudo-Drillinge

Wenn eine Familie Pseudo-Drillinge oder -Vierlinge des gleichen Geschlechts hat, werden sämtliche aufgezeigten Tendenzen verstärkt, und die Kinder müssen unglaubliche Mengen an Energie aufwenden, um sich gegeneinander zu behaupten. Ein klassisches Beispiel bietet die Geschichte von den drei Brüdern von sieben, acht und neun Jahren, die den Sommer auf einem großen Gutshof zubrachten. Auf dem Dachboden stand die Attraktion des Ortes, ein großes herrliches Schaukelpferd, das der große Bruder sogleich eroberte und mit Beschlag belegte. Der Zweitälteste durfte auch einmal aufsteigen, wenn der Älteste eine seiner seltenen Pausen einlegte. Der kleine Bruder bekam keine Chance.

Als der große Bruder tagelang auf dem Pferd geritten war, dachte sich der kleine Bruder einen Plan aus: Sobald der Älteste am Abend eingeschlafen war, würde er hinaufschleichen und reiten. Aber er schlief als erster ein und wurde erst mitten in der Nacht wach. Er stürmte dennoch auf den Dachboden hinauf – um zu entdecken, daß der Zweitälteste auf dem Pferd saß und schlief.

Der Allereinzige

Pseudo-Zwillinge nehmen besonders häufig psychiatrische Hilfe in Anspruch. Oft ist es der gebrochene große Bruder, der von der kleinen Schwester überholt worden ist und sich sein ganzes Leben lang unzulänglich gefühlt hat. Es können aber auch «eingeklemmte» Pseudo-Zwillinge oder -Drillinge sein, die an derart überwältigender Eifersucht und Angst zu teilen leiden, daß sie nicht akzeptieren können, wenn andere Menschen irgendeine Form von Interesse an ihrem Partner zeigen. Die vierundvierzigjährige Inge ist dafür ein gutes Beispiel.

Inge ist Korrespondentin. Ihr geht es finanziell gut, sie war zweimal verheiratet und lebt jetzt mit Henrik zusammen, der als Verkäufer in einer großen EDV-Firma arbeitet. Seine erste Frau kam bei einem Verkehrsunfall ums Leben, und seine Tochter, ein Teenager, lebt bei ihm und Inge.

Inges zwei erste Ehen zerbrachen an Eifersucht, und ihre dritte ist auf dem besten Wege dazu. Deshalb hat sie sich in psychiatrische Behandlung begeben. Sie versteht selbst nicht, warum sie so reagiert, wie sie es tut.

«Keiner meiner Partner hat mir Veranlassung gegeben, eifersüchtig zu sein, aber ich kann mich trotzdem nicht dagegen wehren», berichtet sie. «Neulich stand ich am Fenster und sah Henrik nach Hause kommen. Als er das Auto abstellte, lehnte er sich hinüber und verschloß die rechte Vordertür – und in mir brach eine Welt zusammen. Da er sie abschloß, mußte er hinter meinem Rücken jemanden im Wagen mitgenommen haben. Ich war vollkommen hysterisch, als er hereinkam, und fing sofort an, ihn zu verhören und ihm alles mögliche zu unterstellen. Ich versuche mich zu beherrschen, aber es gelingt mir nicht, und ich bin ständig auf der Lauer. Wenn er auf Reisen ist, sitze ich am Telefon und warte darauf, daß er anruft, um mir zu sagen, daß er gezwungen ist, noch einen Tag wegzubleiben. Er hat es zwar noch nie getan, aber ich bin trotzdem vollkommen aus dem Gleichgewicht, und sobald er aus dem Haus ist, laufe ich hin und sehe nach, ob er ein extra Hemd mitgenommen hat. Wenn er das hat und dann einen Tag länger wegbleibt, werde ich beweisen können, daß er alles im voraus heimlich geplant hat.»

Inges Eifersucht grenzt, so meint sie selbst, an Geisteskrankheit. Doch ihr Verhältnis ist gar nicht so unverständlich, wenn man ihren familiären Hintergrund in Betracht zieht.

Ihre Eltern wünschten sich brennend einen Jungen, doch ihr erstes Kind war ein Mädchen. Inge kam vierzehn Monate später zur Welt. Weniger als ein Jahr danach ging der große Wunsch der Eltern in Erfüllung, und sie bekamen den sehnlich erwarteten Sohn. Inge wurde also zu einem sehr frühen Zeitpunkt «beiseite geschoben» und hat die Eifersucht sozusagen mit der Muttermilch aufgesogen.

Menschen, die wie Inge von Geschwistern eingeklemmt werden, müssen immer jemanden in der Nähe haben, damit es ihnen gutgeht. Sie können nicht allein sein, aber sie laufen gleichzeitig Gefahr, außergewöhnliche Eifersucht zu entwickeln, wenn andere sich für ihren Partner interessieren. Es handelt sich um eine Eifersucht und Frustration, die nur sehr schwer unter Kontrolle zu halten sind, weil sie in der Eifersucht und Frustration des Kindes darüber wurzeln, daß die Mutter es jemand anderem zuliebe verlassen hat. Psychologisch gesehen war Inge nur einen Monat alt, als ihre Mutter sie verließ, schwanger wurde und ihre Gedanken auf das neue Kind konzentrierte, das unterwegs war.

Inges Eifersucht ist ungewöhnlich stark, doch Eifersucht ist in mehr oder weniger starkem Ausmaß sowohl bei Pseudo-Zwillingen als auch bei eingeklemmten mittleren Kindern ausgeprägt. Dagegen ist sie in der Regel für Einzelkinder, die nicht notwendigerweise mit beiden Eltern, sondern entweder mit Vater oder Mutter aufgewachsen sind, ein unbekanntes Phänomen.

Pseudo-Zwillinge neigen nicht nur besonders zur Eifersucht, sondern haben auch Schwierigkeiten, eine Trennung zu verkraften, weil sie so abhängig voneinander sind. Sie können geradezu Teile der Persönlichkeit des anderen in sich aufnehmen und diesen zum einzigen Menschen in ihrem Leben erheben. Ein Beispiel dafür sind die Pseudo-Zwillinge Peter und Ingrid. Sie sind unter atypischen Verhältnissen aufgewachsen, doch wird ihre Geschichte hier trotzdem erzählt, weil sie sehr deutlich das Abhängigkeitsverhältnis illustriert, das oft bei Pseudo-Zwillingen entsteht, auch wenn es sie nicht so extrem zu prägen braucht wie im Fall von Peter und Ingrid.

Peter und Ingrid wuchsen in einer wohlhabenden Familie mit insgesamt drei Kindern auf. Der Vater war viel auf Geschäftsreisen, die Mutter war Hausfrau, doch mit zahlreichen Interessen, und sie war viel außer Haus. Das älteste Kind war das Mädchen Dorrit, das fünf Jahre älter war als Peter, dem vierzehn Monate später die Schwester Ingrid folgte. Die beiden jüngeren Geschwister hatten eine sehr enge Bindung zueinander, waren viel sich selbst überlassen und in ihrer Beziehung zu den Erwachsenen vernachlässigt. Im Lauf der Jahre verschwand Dorrit völlig von der Bildfläche, während die beiden Pseudo-Zwillinge sich noch enger aneinander anschlossen.

Ingrid übernahm bald die Führungsposition und überholte im Pseudo-Zwillings-Stil Peter, der ein etwas gehemmter und depressiver Junge war. Er hatte bereits als sehr junger Mann Alkoholprobleme und wirkte als Erwachsener überaus unsicher und unentschlossen.

Ingrid, bei allem die erste, heiratet auch als erste und gründet eine Familie. Ihr Mann ist Akademiker und ein etwas depressiver kleiner Bruder mit drei ziemlich selbstbewußten Schwestern, deren Platz Ingrid sogleich übernimmt. Sie bekommen kurz hintereinander zwei Kinder, Ingrid bleibt zu Hause, hat aber weiterhin guten Kontakt zu Peter, der sie oft besucht.

Nach Ingrids Heirat wird Peter ein wenig aktiver, vermutlich, weil er Ersatz für die Schwester nötig hat. Den findet er in einer starken und handlungskräftigen Frau wie Ingrid, nur daß sie eine echte große Schwester mit jüngeren Brüdern ist; sie war es gewohnt, ihre Brüder zu dominieren und die Verantwortung für sie zu übernehmen.

Ingrid und ihr Mann sind die ersten, die zu Peter und

seiner Frau eingeladen werden, um die Wohnung anzusehen, in die sie eingezogen sind. Aber es wird kein gelungener Abend. Ingrid fühlt sich unwohl und wird während des Abendessens unpäßlich, so daß sie sich zurückziehen und hinlegen muß. Bis dahin hat ihr nie etwas gefehlt, es gab noch nie irgendwelche Anzeichen dafür, daß sie aus dem Gleichgewicht geraten war. Doch der Abend wird zur Scheidelinie, der Schwindelanfall erweist sich als der Auftakt zu ernsten neurotischen Problemen, die schließlich mit einem schweren seelischen Leiden enden, das chronisch wird. Sie wird in eine psychiatrische Anstalt eingeliefert, und fast zur gleichen Zeit begibt sich Peter aufgrund seiner zunehmenden Alkoholprobleme in psychiatrische Behandlung. Es zeigt sich, daß diese in der Krankheit der Schwester gründen, die mehr und mehr zum Zentrum seines Lebensinteresses wird. Er ist in der Zwischenzeit Vater einer Tochter geworden, aber von seiner Frau geschieden, der das Sorgerecht zuerkannt wurde. Das bereitet Peter augenscheinlich kein Kopfzerbrechen, denn er äußert nie den Wunsch, sein eigenes Kind zu sehen. Er hat genug an Ingrids Kindern und kümmert sich während ihrer ständig länger werdenden Krankheitsperioden um sie. Er hat auch ein sehr gutes Verhältnis zu seinem Schwager, und das Hauptinteresse im Leben der beiden Männer ist es, Ingrid wieder gesund zu sehen. Aber das gelingt nicht. Sie stirbt in mittleren Jahren nach einem mehrjährigen Klinikaufenthalt.

Die beiden Geschwister sind ein extremes Beispiel dafür, wie abhängig Pseudo-Zwillinge voneinander sein können. Sie wurden zum Mann bzw. zur Frau im Leben des anderen. Niemand sonst konnte sie je ersetzen oder die Rolle des einzigen übernehmen. Es ist charakteristisch, daß in Ingrid erst etwas barst, als sie mit der neuen Frau und dem neuen Heim ihres Bruders konfrontiert wurde, vermutlich weil er – das Wesentlichste in ihrem Leben – sie verließ und sie damit verriet. Ihr eigener Mann war nie etwas anderes als ein Anhängsel, der den Bruder und den überhöhten Platz, den dieser in ihrem Leben einnahm, nicht ersetzen konnte. Ebensowenig wurde Peters Frau zu einer wirklichen Partnerin für ihn, und ihre offizielle Begründung für den Wunsch nach Scheidung war, daß in seinem Leben kein Platz für sie sei. Bemerkenswerterweise verlor Peter vollständig den Kontakt zu seiner Frau und seiner Tochter und machte nie einen Versuch, sie zu sehen, während er sich weiterhin stark für Ingrids Kinder interessierte.

Nach Ingrids Tod zog Peter wieder zu seiner Mutter und kämpfte mit wachsenden Alkoholproblemen. Er heiratete noch einmal, doch auch diesmal endete es mit einer Scheidung. Wie ihre enge Bindung an den Bruder Ingrid daran hinderte, ein Leben mit einem anderen Mann und ihren Kindern zu gestalten, war auch Peter nicht in der Lage, mit einer anderen Frau als seiner Schwester zusammenzuleben.

Großer Bruder – kleine Schwester

Wenn zwei Geschwister in Eintracht und Frieden, sozusagen in einem Idyll aufwachsen, dann handelt es sich mit an Sicherheit grenzender Wahrscheinlichkeit um eine Familie, deren ältestes Kind ein Junge und deren jüngstes ein Mädchen ist. Diese Kombination ist nahezu ideal. Aber dazu bedarf es eines guten Abstands zwischen den Kindern, mindestens zweieinhalb bis drei Jahre. Sonst werden sie vom Pseudo-Zwillings-Effekt geprägt, und das Mädchen überholt den Jungen.

Der große Bruder fühlt sich wohl in seiner Rolle, denn er ist unbestritten der Große. Er ist der Kronprinz und braucht seine Position nicht zu verteidigen oder um die Macht zu kämpfen. Er ist frei von Eifersucht und wird ein sehr kameradschaftliches Verhältnis zu Vater und Mutter haben. Er kommt auch mit der kleinen Schwester gut aus, weil er sie nicht als Konkurrentin sieht, sondern im Gegenteil als einen Teil seiner Verantwortlichkeit, als eine, auf die er aufpassen und die er behüten muß. Durch sie lernt er Rücksichtnahme, und sie wird ihm beibringen, Gefühle zu zeigen und sanft zu sein. Als Erwachsener wird der große Bruder viel Verständnis für Frauen haben, und es wird ihm leichtfallen, Freundinnen zu finden.

Der große Bruder bekommt seine Führerposition vollkommen gratis, deshalb besteht die Gefahr, daß Ausdauer nicht seine Stärke ist. Im Machtkampf ist er nicht geübt, weil er keinen Bruder gehabt hat, mit dem er seine Kräfte hätte messen können. Allerdings ist er deshalb auch nicht besonders ehrgeizig und nicht auf äußere Macht, Reichtum oder Prestige aus. Er ist ein guter und rücksichtsvoller Kollege, aber es kann sein, daß es ihm an Durchschlagskraft fehlt, weil er es nicht gewöhnt ist, sich zu produzieren. Er ist nicht der große Selbstinszenierer, was vielleicht andere, die seine vielen Möglichkeiten sehen, ärgert.

Die kleine Schwester hat einen guten Start ins Leben. Sie lernt früh, die männliche Welt zu verstehen, und sie wird im späteren Leben keine Probleme im Umgang mit Männern haben und leicht männliche Freunde finden. Sie erhält nämlich alle Rechte der großen Schwester, doch nicht all deren Pflichten und wird daher nicht in der gleichen Weise in die Rolle gezwungen wie eine richtige große Schwester. Es werden nicht die gleichen hohen Forderungen an sie gerichtet, die Familientradition weiterzuführen. Sie darf sowohl mit Puppen spielen als auch auf Bäume klettern und wird im späteren Leben, wenn sie selbst ihr Dasein gestalten und eine Ausbildung und einen Beruf wählen soll, sehr frei in ihren Entscheidungen sein. Die Kombination der Rollen von kleiner und großer Schwester macht sie nämlich selbständig und mutig, und so ist sie dafür gerüstet, im Beruf wie im Privatleben erfolgreich zu sein.

Die kleine Schwester lernt, zu ihrem großen Bruder aufzusehen, und akzeptiert ohne weiteres seine Führerposition. Es kommt zu keinem Machtkampf, denn sie findet, daß sie reichlich Platz hat. Im Gegenteil, sie macht sich die Fürsorge und den Schutz des Bruders zunutze, benutzt ihn als Verteidiger gegenüber ihren Kameraden und erlebt eine Kindheit in Geborgenheit, weil sie sich auf ihn verlassen kann. Falls die Eltern sich brennend ein Mädchen gewünscht haben und wenn dazu auch noch der große Bruder sie verwöhnt, kann sie sehr anspruchsvoll werden und von ihrem Partner ständige und uneingeschränkte Aufmerksamkeit fordern. Das wird sich freilich nicht auf der materiellen Ebene abspielen, denn in bezug auf äußeren Erfolg und Leistungen stellt sie an Mann und Kinder gemäßigte Forderungen. Sie legt großes Gewicht auf ein gutes und harmonisches Familienleben, und es liegt ihr fern, ihren Mann oder sich selbst zu einer Karriere zu drängen, um einen materiell gesehen höheren Lebensstandard zu erreichen. Bekommt sie selbst Kinder, wird sie sowohl ihren Sohn als auch ihre Tochter verstehen. Sie wird sie nicht zu stark bevormunden, sondern eher zu nachgiebig sein. Sie wird ihren Sohn nach dem Bild ihres Vaters oder ihres Bruders formen und ihre Tochter nach dem Bild ihrer Mutter.

Bei der Partnerwahl ist die ideale Konstellation, daß ein großer Bruder und eine kleine Schwester versuchen, ihr Kindheitsmuster neu zu gestalten, indem der große Bruder eine kleine Schwester findet und umgekehrt. Ein großer Bruder und eine kleine Schwester gleiten reibungslos in eine Partnerschaft hinein. Ihre Beziehung ist meist friedlich und ohne große Konflikte, und sie sind freundliche und tolerante Eltern mit einem guten Verhältnis zu ihren eigenen Kindern.

Daß der große Bruder und die kleine Schwester so gut miteinander auskommen, liegt daran, daß es zwischen ihnen kaum Rang- oder Geschlechterkonflikte gibt. Rangkonflikte bilden ein ewig wiederkehrendes Problem für Ehepaare aus ehemaligem großem Bruder und großer Schwester. Oder wenn beide die Jüngsten in ihrer Familie waren. Im ersteren Fall, weil beide ununterbrochen alles selbst bestimmen wollen; im letzteren, weil keiner von ihnen besonders entscheidungsfreudig ist.

Geschlechterkonflikte entstehen, wenn ein Mann aus einer reinen Jungenreihe sich mit einer Frau aus einer reinen Mädchenreihe verheiratet. Keiner von ihnen wird gewöhnt sein, mit dem anderen Geschlecht umzugehen, und deshalb verstehen sie einander nicht annähernd so gut wie Paare, bei denen beide aus gemischten Geschwisterreihen kommen.

Große Schwester – kleiner Bruder

Die Kombination «große Schwester – kleiner Bruder» ist kaum so ideal wie die umgekehrte. Aber die Kinder haben dennoch im ganzen gesehen gute Voraussetzungen.

Eine große Schwester hat sich wie alle ältesten Geschwister um ihren kleinen Bruder zu kümmern, so daß sie oft unbewußt den Eindruck bekommt, seine Bedürfnisse seien wichtiger als ihre. Eine Auffassung, die der kleine Bruder vollauf teilt. Sie ist fürsorglich und freigebig, steigert sich vielleicht ein wenig in die Rolle der Märtyrerin hinein, wird aber nicht im eigentlichen Sinn ausgenutzt, da sie gleichzeitig eine Art Königinnenposition einnimmt. Sie ist diejenige, die bestimmt und die sagt: «Jetzt ist es genug.» Auch als Erwachsene ist sie der Typ, dem andere, insbesondere Männer, sich anvertrauen, wenn sie Rat oder Hilfe brauchen. Sie ist meistens bereit, zuzuhören und zu helfen, und fast immer mehr mit anderen als mit sich selbst beschäftigt.

Ungefähr das Schlimmste, was einer großen Schwester passieren kann, ist die Ankunft eines lang ersehnten Sohns. Dies kann sie in schwere seelische Konflikte stürzen, die noch verstärkt werden, wenn die Eltern sie in allzu hohem Maß mitverantwortlich machen für seine Erziehung. Sie wird sich häufig in die Rolle der beschützenden kleinen Mutter hineingezwungen fühlen und dagegen protestieren, indem sie sich vom Bruder distanziert. Wenn die Eltern seine Bedürfnisse mehr wahrnehmen als ihre, wird sie oft Eifersucht gegenüber dem kleinen Bruder empfinden.

Meistens entwickeln die zwei Geschwister indessen ein gutes Verhältnis zueinander. Und selbst in einer Beziehung mit deutlich ausgeprägter geschwisterlicher Eifersucht ist die Existenz eines kleinen Bruders ein mildernder Umstand, denn wenn es einen Menschen gibt, zu dem er aufsieht und den er bewundert, so ist es die große Schwester. Aber er lernt auch rasch, sie für sich einzuspannen, so daß sie vielleicht gegen ihren Willen in eine Fürsorgerinnenrolle gedrängt wird. Die Abhängigkeit und Bewunderung des kleinen Bruders bewirken, daß sie als Erwachsene große Schwierigkeiten haben wird, Männer als ebenbürtig anzusehen. Sie hat gelernt, daß Jungen – und damit Männer – unabhängig vom Alter Hilfe und Unterstützung brauchen und daß man besondere Rücksichten auf sie nehmen muß. Sonst kommen sie nicht richtig zurecht.

Es wird ihr leichtfallen, mit Jungen und Männern umzugehen und sich in ihre Interessen und Probleme hineinzuversetzen. Es wird ihr auch stets große Freude und Befriedigung bereiten, wenn Männer bei ihr Trost und Unterstützung suchen. Die gewährt sie ihnen gern, aber gleichzeitig fällt es ihr schwer, sie als Gleichgestellte zu akzeptieren. Denn im Innersten findet sie nicht, daß sie gleichgestellt sind.

Sie strebt bezeichnenderweise oft Berufe an, in denen sie Verantwortung für andere Menschen übernimmt und sie viel mit Männern zusammen ist. Während Frauen aus reinen Mädchenfamilien sich im ausschließlich weiblichen Kreis wohl fühlen, fängt sie bald an, sich dort zu langweilen, und wird sich nach einem gemischten Arbeitsplatz umsehen.

Da sie von klein auf in die Erziehung des kleinen Bruders eingebunden gewesen ist, fühlt sie sich später zu Männern mit typischen Problemen kleiner Brüder hingezogen. Mit diesem Typ Mann harmoniert sie auch am besten, sowohl im Arbeitsleben als auch privat. Sie genießt es, die pädagogische Aufgabe und die damit verbundene Rolle, die ihr in Kindheit und Jugend zugeteilt wurden, auszunutzen. Doch wie damals verlangt sie, daß der kleine Bruder sich nach ihr richtet.

Die beste Ehe verwirklicht sie gemeinsam mit einem kleinen Bruder mit einer oder mehreren älteren Schwestern. Er darf gern ein paar Jahre älter sein als sie, aber er muß ältere Schwestern haben, sonst wird er ihre zuweilen recht dominierende Art nie hinnehmen.

Die große Schwester fühlt sich am wohlsten in ihrer Kindheitsrolle; deshalb will sie selbst gern Kinder haben, die sie beschützen und umsorgen und mit denen sie ihr pädagogisches Talent entfalten kann. Auch wenn ihr Mann sich für die Kinder interessiert, ist sie der Meinung, daß die Erziehung der Kinder in ihren Verantwortungsbereich fällt. Sollte sie mit einem kleinen Bruder verheiratet sein, wird er nicht das geringste gegen eine solche Arbeitsteilung einzuwenden haben, aber andere Männer finden sich damit vielleicht nicht ab. Obwohl sie ausgesprochene Märtyrerinnenallüren hat und zu jammern und zu klagen versteht, ist sie in Wirklichkeit durchaus zufrieden damit, daß die Kinder und das Heim auf ihren Schultern ruhen, und selten bereit, ihre Kompetenzen zu teilen. Als große Schwester meint sie, daß sie mehr bewältigen kann als andere Menschen. Und oft kann sie das auch.

Der kleine Bruder ficht mit Worten

Ein kleiner Bruder entwickelt sich zu einem weichen, sensiblen und aufgeschlossenen Jungen. Er folgt dem Beispiel seiner großen Schwester und kämpft lieber mit Worten als mit Fäusten. Als Erwachsener wählt er wie sie oft einen Beruf, der ihn mit Menschen zusammenbringt, und profitiert davon, daß er gelernt hat, zuzuhören und zu diskutieren. Es ist leicht, mit ihm zusammenzuarbeiten, und er ist ein beliebter und umgänglicher Kollege, selten ein dominierender Macho.

Als Kind durfte er in der Regel tun, was er wollte, konnte selbständig Entscheidungen treffen und hat auch mehr

Rechte als Jungen mit Brüdern. Die große Schwester hält ihn nicht in der gleichen Weise unter sich, wie ein großer Bruder es tun würde, und sie sind keine Konkurrenten, wie Geschwister gleichen Geschlechts es oft sind.

Er hat keine Verantwortung für andere und ist es gewöhnt, daß Erwachsene oder eine große Schwester jederzeit bereitstehen, um ihm zu helfen. Kurz gesagt: Er wird verwöhnt. Er betrachtet es daher auch später im Leben als Selbstverständlichkeit, wenn jemand ihm hilft und sich seiner annimmt. Und wenn die Nächsten es nicht tun, schreitet er selbst zur Tat und aktiviert mütterliche Fürsorgebereitschaft bei der Schwester und später bei den Freundinnen. Als Erwachsener versucht er seine Freundinnen in eine Mutterrolle zu drängen, indem er den Hilflosen spielt oder ihnen schmeichelt. Hier aber geht er ein Risiko ein. Ist die Freundin eine große Schwester, so schmilzt sie unter seinen Schmeicheleien dahin. Eine kleine Schwester aber tut das nicht. Sie durchschaut sogleich die Taktik und wird sie nicht als rührend auffassen, sondern ausschließlich als billigen Trick.

Die Verwöhntheit des kleinen Bruders zeigt sich auch daran, daß er immer bereit ist, sich bedienen und helfen zu lassen. Wenn die Eltern alt werden, wird die große Schwester nicht anders können, als sich allein um sie zu kümmern, da der kleine Bruder diese Aufgabe bereitwillig ihr überläßt. So bereitwillig, daß andere meinen, er liefe vor seiner Verantwortung davon, und sein Verhalten lieblos nennen.

Der kleine Bruder führt die glücklichste Ehe, wenn er eine große Schwester heiratet. Wählt er eine kleine Schwester, wird es immer wieder zu Rangkonflikten kommen, weil keiner von ihnen Verantwortung übernehmen oder Entscheidungen treffen will. Sie werden sich deshalb auch oft einsam und im Stich gelassen fühlen. Eine Frau aus einem Mädchenhaushalt ist auch nicht die richtige, da sie ihn als Mann oft nicht versteht, denn sie ist daran gewöhnt, ausschließlich mit Frauen umzugehen.

Ein ehemaliger kleiner Bruder ist ein guter und toleranter

Ehemann und Vater, der zwar aufbrausen kann, wenn es nicht nach seiner Pfeife geht, der aber auch schnell wieder vergißt. Die übrige Familie kann deshalb seine Ausbrüche gelassen hinnehmen. Er ist ein lustiger, kameradschaftlicher, doch nicht sonderlich verantwortungsvoller Vater. Wenn seine Kinder an einem windigen Tag bei hohem Wellengang schwimmen gehen möchten, wird er nichts dagegen haben und ihnen sorglos vom Ufer aus zuwinken. Ein ehemaliger großer Bruder würde das nie erlauben, und wenn doch, würde er auf Schwimmweste bestehen und die Kinder aus der Nähe im Wasser beaufsichtigen.

Zwei Schwestern

Ausdauer, Selbständigkeit und Sorgfalt sind die Charaktermerkmale der großen Schwester in einer Zwei-Mädchen-Familie. Sie ist in eine so starke Führungsposition hineingeboren worden, daß sie später nicht nur auf untergeordnete Kollegen oft einschüchternd wirkt, sondern auch auf Männer, die sich im Grunde zu ihr hingezogen fühlen. Eine überaktive große Schwester ist sehr dynamisch, und man nimmt es nicht leicht mit ihr auf.

Die große Schwester hat frühzeitig gelernt, für ihre kleine Schwester eine Art Reservemutter zu sein. Sie handelt daher verantwortungsbewußt und beschützt ihre kleine Schwester in widrigen Situationen. Gleichzeitig wird sie dazu erzogen, die Familientradition im großen wie im kleinen weiterzuführen, und steht unter starkem Druck, den herrschenden Familiennormen zu folgen. Sie soll das Vorbild für die kleine Schwester abgeben. Regeln und Normen, wie sich ein Mädchen zu verhalten hat, werden ihr viel massiver vorgehalten als der kleinen Schwester, die weder die Verantwortung für eine jüngere Schwester übernehmen muß noch mit der Erwartung konfrontiert wird, Vorbild zu sein.

Die hohen Erwartungen und die hohe Verantwortung lassen die große Schwester vernunft- und verstandesgeprägter werden als die kleine. Sie ist oft intellektueller und fast immer praktischer und mit einem besseren Organisationstalent ausgerüstet als eine kleine Schwester, die dagegen aktiver und künstlerischer ist und nicht annähernd soviel Angst hat, sich ihren Gefühlen zu überlassen. Auch in der Wahl der Ausbildung und des Berufs ist die kleine Schwester sehr viel unkonventioneller. Während die große Schwester den Normen der Familie meist treu bleibt, hat die kleine Schwester die Freiheit, auszuziehen und neues Terrain zu erschließen; damit erhält sie die Möglichkeit, sich eher gemäß ihren eigenen Vorstellungen zu entwickeln. Gleichzeitig sind die Erwartungen an sie nicht so hoch, was zusätzlich dazu beiträgt, daß sie sich freier fühlt. Sie ist zwar daran gewöhnt, daß die große Schwester ihr Anweisungen gibt, doch akzeptiert sie diese nicht ohne weiteres, und ihre Kindheit wird deshalb zu einem Wechselspiel von Aufruhr und Unterwerfung, ein Verhaltensmuster, das sie später oft auf Kollegen und Ehepartner überträgt.

Die kleine Schwester wird in eine Familie mit weiblicher Dominanz hineingeboren. Als die große Schwester geboren wurde, bestand ein Gleichgewicht zwischen männlicher und weiblicher Bezugsperson. Die kleine Schwester jedoch wächst mit zwei Frauen und einem Mann auf.

Das kann zur Folge haben, daß sie femininer wirkt als die große Schwester, da sie mehr an Kleidern, Make-up und ihrem Aussehen interessiert ist. Die langen roten Nägel sitzen an den Händen der kleinen Schwester, die warmen Handschuhe an denen der großen. Die Ältere kleidet sich vernünftig und praktisch, und sie wird nicht das gleiche Bedürfnis haben, das Feminine besonders zu betonen. Die kleine Schwester fühlt dagegen unbewußt, daß sie gezwungen ist, punkto Weiblichkeit zu konkurrieren, um neben den übrigen Frauen der Familie einen Platz zu bekommen. Überhaupt liebt sie es sehr, sich tatsächlich und im übertragenen Sinn zu spiegeln, und von den beiden Schwestern ist sie die narzißtischere. Trotz ihrer Eitelkeit und ihres weiblichen Äußeren wird sie es in ihren Beziehungen zu Männern oft schwerer haben als die große Schwester, weil sie sie hauptsächlich als Spiegel benutzt.

Die große Schwester hat auch dadurch einen Vorsprung, daß sie Vaters erstes Mädchen ist und damit diejenige, zu der er den engsten Kontakt hat. Allgemein betrachtet ist die Welt der Männer der kleinen Schwester fremder; wenn gleichzeitig der Vater schwach und zurückhaltend ist, kann sie später im Leben Schwierigkeiten haben, sich Geltung zu verschaffen, weil sie gewohnt ist, daß die starke Mutter und die große Schwester die ganze Verantwortung tragen und alle Entscheidungen für sie treffen. Die Entwicklung der kleinen Schwester hängt deshalb sehr stark von der Position des Vaters in der Familie ab. Häufig versucht dieser unbewußt in seiner ältesten Tochter seine Mutter wiederzuerschaffen, indem er sie dazu erzieht, die gleichen Werte und Normen anzunehmen. Wenn aber seine Mutter in ihrem Geschwisterkreis die kleine Schwester war, kann das dazu führen, daß er seine Mutter in seiner jüngsten Tochter sieht und zu ihr die engste Beziehung aufbaut. Denn beide Elternteile fühlen sich oft besonders mit der Tochter verbunden, die die gleiche Plazierung im Geschwisterkreis hat wie ihre eigene Mutter, so daß ein Kind aufgrund dieses Umstands zusätzliche Aufmerksamkeit gewinnt. Ansonsten hat das älteste Kind generell meist besseren Kontakt zum Vater als zur Mutter.

Ein Plus für die kleine Schwester kann sein, wenn die Eltern sich einen Jungen gewünscht haben und ihr deshalb unbewußt die Rolle zuteilen, die der Junge hätte haben sollen. Sie wird dann mutiger, stärker und selbstsicherer als die große Schwester. In jedem Fall sollten Eltern darauf achten, daß sie auch der kleinen Schwester Aufgaben und Verantwortung übertragen und ihr beibringen, Stellung zu beziehen und Entscheidungen zu fällen.

Bei der Erziehung der großen Schwester müssen die Eltern im wesentlichen darauf achten, daß sie Kind sein darf und kreativ sein kann, ohne daß sie allzu viele verantwortliche Aufgaben übernehmen muß. «Ich durfte nie richtig Kind sein wie meine jüngeren Geschwister», klagen mit Recht viele Erstgeborene. Ihre Kinder klagen später darüber, daß ihre überaus verantwortungsbewußte Mutter sie nicht ihr eigenes Leben leben und sie nicht zur Entfaltung kommen läßt, sondern ihnen jegliche Verantwortung abnimmt, indem sie unentwegt für sie Entscheidungen trifft oder sich in ihre Angelegenheiten einmischt.

Im Arbeitsleben wird die große Schwester sich in der Regel mehr Geltung verschaffen können als die kleine. Die Jüngste hat meist keine Probleme, sich unterzuordnen, wohl aber die große Schwester. Sie ist für Führungspositionen prädestiniert. Doch nicht Geld oder äußeres Prestige, sondern die Verantwortung für Menschen ist dabei wesentlich für sie. Materieller Besitz und Statussymbole sind ihr weniger wichtig als der Besitz von Macht und die Möglichkeit, Einfluß auf andere auszuüben. Das gilt nicht nur am Arbeitsplatz, sondern ebenso in der Familie.

Mit einer großen Schwester verheiratet zu sein, kann seine Tücken haben, denn der Mann kommt für sie fast immer erst an zweiter oder dritter Stelle. Mehr als für andere Frauen ist für sie, aufgrund der engen Beziehung, der Vater der Mann in ihrem Leben. Der schwerste Verlust, den sie im Leben erleiden kann, ist der Tod des Vaters oder des Vaterersatzes. Weitaus besser kann sie den Tod der Mutter oder ihres Mannes verkraften. Wenn er nicht ein ehemaliger kleiner Bruder ist und deshalb mit einer dominierenden und selbständigen Frau am besten zurechtkommt, wird er oft finden, daß seine Große-Schwester-Frau eine anstrengende Partnerin ist. Ihre Autorität und ihr Anspruch, ausschließliche Verantwortung zu tragen, geben ihm das Gefühl, Anhängsel zu sein. Die Kinder nehmen ganz klar den zentralen Platz in ihrem Leben ein; aber dominierend, wie sie ist, wird sie dazu neigen, sie übermäßig zu beschützen und ihre Wünsche und ihre Selbständigkeit zu beschneiden. Es kann zuweilen so aussehen, als seien ihr die Kinder wichtiger als der Mann, weil sie ihnen gegenüber die Rolle der großen Schwester voll ausleben kann. Sie schätzt deren Abhängigkeit von ihr und leidet mehr als andere Mütter unter der Leere, die entsteht, wenn die Kinder aus dem Haus gehen. Sie ist gewohnt, die Küken um sich zu haben, und versucht, die Kontrolle über sie zu behalten, egal, wie weit sie wegziehen.

Der geeignetste Partner für die große Schwester ist ein Mann, der ältere Schwestern gehabt hat, da er gewohnt ist, ihnen gegenüber die Rolle des kleinen Bruders zu spielen. Es kann freilich schiefgehen, falls er ihre Große-Schwester-Eigenschaften zu sehr ausnützt. Ein jüngerer Bruder von Brüdern paßt auch. Heiratet sie hingegen einen großen Bruder, entsteht oft eine endlose Reihe von Konflikten, weil sie beide bestimmen, Verantwortung haben und Entscheidungen treffen wollen.

Ihre besten Freundinnen sind kleine Schwestern, bei denen sie wieder in die Rolle der großen Schwester schlüpfen kann. Es macht nichts, wenn sie älter sind als sie, Hauptsache, es sind kleine Schwestern. In der gleichen Weise wird eine große Schwester einer kleinen Schwester die beste Freundin sein.

Die kleine Schwester ist frei und unkonventionell

Während die große Schwester eine zuverlässige und solide Arbeiterin ist, die sich in fester Routine und wohlgeordneten Verhältnissen am wohlsten fühlt, genießt die kleine Schwester Wechsel und Spannung. Sie ist impulsiv und zuweilen instabil, aufgeschlossen und unbeständig, und kann deshalb sowohl anziehend als auch launisch wirken. Ihr Bedarf an Lob und Anerkennung ist groß, und für die, die es ihr geben, tut sie vieles. Im Unterschied zur großen Schwester lebt sie von Erlebnissen, ohne immer in tiefe Gedanken über deren Inhalt oder Zweck zu verfallen.

Die kleine Schwester bedarf der Führung durch andere, aber es sollte eine diskrete Führung sein. Es irritiert sie, wenn sie herumkommandiert wird, weil sie es unbewußt als eine Wiederholung der Zurechtweisungen durch die große Schwester in ihrer Kindheit empfindet. Ihr Verhältnis zu Vorgesetzten ist deshalb durch den Geschwisterkonflikt ihrer Kindheit geprägt. Während die große Schwester einem Chef gegenüber loyal ist, insbesondere wenn er ein älterer Mann, eine Vaterfigur ist, kann es für die kleine Schwester zum Sport werden, ihren Chef zu kritisieren, und wenn sie erst einmal in Gang gekommen ist, scheut sie keine Anstrengungen, um zu beweisen, daß sie recht hat. Oft steht die Kritik in keinem Verhältnis zu ihren Bemühungen, aber es bereitet ihr trotzdem eine gewisse Genugtuung, es der großen Schwester einmal «zu zeigen».

Selbst erträgt sie weder Kritik noch Widerstand. Wenn ihr solcher entgegengesetzt wird, wirft sie rasch die Flinte ins Korn. Mit Lob und Rückenwind gibt sie dagegen ihr Bestes, denn dann werden ihre kreativen Fähigkeiten und unkonventionellen Ideen freigesetzt. Materielle Güter können sehr wichtig für sie sein, besonders wenn sie gewohnt ist, gefeiert zu werden oder daß andere die Dinge für sie erledigen. Wenn sie der charmante kleine Liebling der Familie gewesen ist, fährt sie auch als Erwachsene fort, die Umgebung mit Charme zu erobern. Trotzdem hat sie oft Schwierigkeiten, die eroberten Männer zu halten. Das liegt nicht zuletzt daran, daß sie diese häufig zu wenig ernst nimmt und sie durch ihr Verhalten irritiert. Der beste Partner für sie ist ein Mann mit jüngeren Geschwistern, am besten Schwestern. Ein kleiner Bruder wird nicht in der Lage sein, sie zu führen, und wenn er ab und an möchte, daß sie ihn führt, flüchtet sie.

Kinder bedeuten ihr nicht soviel wie der großen Schwester. Wenn sie Kinder bekommt, wird sie bereitwillig die Hilfe anderer annehmen und oft überbeanspruchen. Sie ist meist froh, wenn die Kinder früh flügge werden, und legt ihnen dabei keine Steine in den Weg.

Zwei Brüder

Zwei Brüder in einer Familie sorgen für verbissene Konkurrenz und konstanten Machtkampf. Die Jungen stellen hohe Forderungen an ihre Eltern, streiten sich um deren Aufmerksamkeit und darum, wer der stärkste ist, und verlangen Millimeterdemokratie in allen Bereichen, von der Verteilung von Leckereien bis zur Verteilung von Liebe und Aufmerksamkeit.

Je geringer der Altersunterschied, desto größer die Probleme. Beträgt der Unterschied zehn Jahre, so leben sie in Frieden und Eintracht, denn der kleine Bruder ist keine Bedrohung für den großen und findet sich gleichzeitig in aller Bescheidenheit damit ab, daß er der kleinere ist. Ganz anders sieht es aus, wenn weniger als zweieinhalb Jahre zwischen ihnen liegen. Dann wird die Bereitschaft zum Machtkampf nie ruhen.

Der große Bruder ist in eine Führerposition hineingeboren. Er ist derjenige, der kraft seines Alters und seiner Größe die Macht hat, und er wird im späteren Leben alles dafür tun, sie zu behalten. Auf allen Gebieten. Kein Männertyp ist ehrgeiziger, leistungsorientierter, konkurrenzbewußter und materialistischer als der große Bruder von Brüdern. Das rührt vermutlich daher, daß er zunächst das ein und alles der Eltern war, danach aber entthront und zur Teilung des Königreichs mit einem Konkurrenten gleichen Geschlechts gezwungen wurde.

Seit seiner Kindheit ist es in ihm angelegt, daß er sich gegen einen Jüngeren absichern muß, der nur darauf lauert, ihm alles abspenstig zu machen. Der Besitztrieb des großen Bruders ist demzufolge ungewöhnlich stark. Er hält alles fest, was er besitzt – und möchte gleichzeitig, daß es Zinsen bringt.

Weil er stets in Bereitschaft ist, sich gegen einen eventuellen Eindringling zu verteidigen, strebt er im Berufsleben wie in allem, womit er sich beschäftigt, eine übergeordnete

Position an. Am Arbeitsplatz wie auf dem Tennisplatz ist er der Herausforderer, sehr konkurrenzbewußt und ein wütender und verkniffener Verlierer. In der Kindheit war er der älteste und beste, und der will er bleiben!

Die Erwartungen der Eltern an den großen Bruder sind hoch; wie die große Schwester in der Familie mit zwei Mädchen wird er dazu erzogen, die Traditionen der Familie hochzuhalten. Wenn er alle Forderungen und Erwartungen erfüllen kann, entwickelt er sich zum starken und selbstsicheren Jungen und später zum starken und erfolgreichen Führer. Die großen Erwartungen können ein ernstes Handikap für ihn sein, aber in der Regel ist der große Bruder ein Siegertyp. Allerdings kein heiterer und gelöster Sieger, denn er ist ja der Älteste, der Erwachsene, der sich selbst sehr ernst nimmt und eine kühlere Natur hat als der kleine Bruder.

Auch in Partnerschaften legt er häufig ein etwas gefühlskaltes und weder besonders verständnisvolles noch rücksichtsvolles Wesen an den Tag. Er ist oft ein wenig frauenscheu, weil er keine Schwestern gehabt hat und deshalb nicht mit Frauen umzugehen weiß. Eine Frau ist für ihn ein Statussymbol, und er wird sein Revier gern mit einer schönen Frau schmücken. Das Aussehen der Frauen bedeutet ihm außerordentlich viel, und er legt in der Regel mehr Wert darauf, daß sie gut aussieht, als daß sie intelligent und selbständig ist; er weiß ja selbst alles am besten. Deshalb ist er auch nicht an einer mütterlichen und fürsorglichen Frau interessiert, die ihm eine Stütze sein kann, sondern an einer Frau, die da ist, wenn es ihm paßt, und die ihn nie kritisiert, spitze Bemerkungen macht oder ihn gar an der Leine hat.

Der große Bruder wird ein herrschsüchtiger Vater, der fordert, daß seine Kinder sich korrekt benehmen, sich ordentlich anziehen und in der Schule gut zurechtkommen. Er kann solchen Druck auf sie ausüben, daß es ihnen selbst und anderen vollständig unangemessen erscheint. Sie finden schnell heraus, daß er nicht derjenige ist, bei dem sie wegen eines schlechten Zeugnisses Trost suchen können, sondern derjenige, vor dem sie es verstecken müssen.

Der große Bruder wird als Vater häufig schwere Konflikte mit seinem ältesten Sohn austragen, der sich nicht damit abfindet, wie des Vaters jüngerer Bruder behandelt zu werden. Sie werden die für rivalisierende Brüder typischen Machtkämpfe aufnehmen und beide unversöhnlich sein. Mit dem zweiten Sohn passiert dies meist nicht, denn der Jüngere ist eher bereit, sich unterzuordnen, und vielleicht benutzt er den Vater zur Unterstützung gegen den älteren Bruder. Wenn ein großer Bruder zuerst Vater von ein paar Töchtern wird und danach einen Sohn bekommt, fällt es ihm oft schwer, den Sohn zu verstehen, weil dieser unter gänzlich anderen Bedingungen aufwächst als er und aufgrund der weiblichen Dominanz in der Geschwisterschar zu einer weicheren Natur wird.

Der ehemalige große Bruder schließt sich häufig eng an seine älteste Tochter an, obwohl er sie nicht sonderlich gut versteht, da er selbst nie Schwestern gehabt hat. In der Beziehung zu ihr wird er sich indessen sehr weit zu ihr hin bewegen und die weichen Seiten seiner Persönlichkeit zu zeigen wagen, die er sonst vor allen anderen verbirgt.

Aggressiver Kain und gerechter Abel

Eine gute Illustration der zwei Brüder sind Kain und Abel, wie sie im Alten Testament geschildert werden: Kain, der ältere, der aggressive, der kleine Bruder Abel dagegen ein Mensch mit großem Gerechtigkeitssinn. Diesen Gerechtigkeitssinn entwickelt der jüngere Sohn, weil er seine ganze Jugendzeit hindurch gezwungen ist, sich auf Gerechtigkeit zu berufen. Der große Bruder denkt nicht an Gerechtigkeit. Er denkt an den eigenen Vorteil. Gerechtigkeit ist für ihn gleichbedeutend mit der Wahrnehmung seiner ganz persönlichen Interessen.

Der kleine Bruder ist meist gezwungen, sich dem stärkeren großen Bruder unterzuordnen. Das entwickelt bei ihm die Fähigkeit, mit anderen Menschen umzugehen und sich in ihre Situation zu versetzen. Auch wenn seine soziale Anpassungsfähigkeit größer ist als die des großen Bruders, liegen die Konflikte der Kindheit dicht unter der sympathischen und verständnisvollen Oberfläche und können plötzlich hervorbrechen und für ernste Probleme sorgen. Eine dafür typische Situation liegt vor, wenn er an seinem Arbeitsplatz oder in anderen Bereichen «große Brüder» antrifft. Es behagt ihm nicht, von anderen Männern bevormundet zu werden, und er ist extrem empfindlich gegenüber jeglichen Anzeichen von Machtkampf, da dies alle Aggressionen der Kindheit in ihm wachruft. Er wird unwillkürlich versuchen, sich zu behaupten, und opponiert anfänglich gegen Lehrer und später gegen Vorgesetzte, es sei denn, er war sehr viel jünger als der große Bruder und hat deshalb keine so scharfe Konkurrenz erlebt.

Die Kindheitsbindungen an die Eltern und an den großen Bruder sind entscheidend für die Entwicklung seiner Persönlichkeit. Wenn das Verhältnis gut gewesen ist, wird er auch ein gutes Verhältnis zu den Autoritäten und Vorgesetzten entwickeln, mit denen er später in Berührung kommt. Unabhängig davon, ob er eine gute und entspannte oder eine schlechte und wettbewerbsorientierte Beziehung gehabt hat, fühlt er sich unbewußt meist zu dem Typ Mensch hingezogen, dem gegenüber er Kindheitsgefühle wiederbeleben und damit seine eigene Identität stärken kann. Diese Gefühle zu erleben bedeutet zu Hause zu sein, im guten wie im schlechten.

Abgesehen von den plötzlichen und vehementen Bruderkonflikten, ist der kleine Bruder mit dem großen Gerechtigkeitssinn in der Regel ein beliebter Kollege. Er paßt sich meistens ohne Probleme dem Arbeitsplatz an, da er von vornherein nicht der Dominierende sein will. Die zahlreichen Niederlagen in den Kämpfen mit dem großen Bruder haben ihn gelehrt, daß man auch ohne äußere Macht überleben und sogar gut leben kann. Er ist daher nicht so ehrgeizig oder materialistisch, sondern ein eher künstlerischer, kreativer und philosophischer Mensch. Er verwendet viel Zeit darauf, andere zu studieren und darüber zu spekulieren, warum sie handeln, wie sie handeln. Der kleine Bruder ist oft der Kasper und Clown der Familie. Während der große Bruder sich überaus ernst nimmt und sich bemüht, erwachsen zu sein, findet der kleine Bruder im Humor eine geräumige Nische. Oft wird sein humoristischer Sinn außerordentlich ausgefeilt und scharf – eine effektive Waffe gegen einen starken großen Bruder. Im Gegensatz zum großen Bruder, der unentwegt auf irgendein Ziel zusteuert, kann der kleine Bruder sich unbekümmert dem Jetzt hingeben, ohne sich darüber Gedanken zu machen, wohin die Dinge führen.

Der kleine Bruder entwickelt sich zu einem völlig anderen Typ Mann und Vater als der große Bruder. Er ist nicht annähernd so streng und ergebnisorientiert. Und weil er selbst sehr verspielt ist, gibt er einen prächtigen Vater ab, der nicht nur den Kindern zuliebe, sondern ebenso sich selbst zuliebe spielt. Er überläßt den Kindern Verantwortung und Entscheidungsfreiheit, da er Wert darauf legt, daß sie kritisch und selbständig werden und Gerechtigkeitssinn entwickeln.

Die Machtkämpfe, die der große Bruder mit seinem ältesten Sohn austrägt, finden in der Familie des kleinen Bruders nicht statt. Aber wie der große hat er Schwierigkeiten, mit Frau und Töchtern umzugehen, doch ist er verständnisvoller und fürsorglicher. Bei der Partnerwahl strebt er danach, eine Frau zu finden, die ihn unterstützen und ihm helfen und zu der er aufblicken kann.

In der Erziehung der beiden Brüder ist es wichtig, daß die Eltern dem großen Bruder nicht vollkommen die Führung überlassen. Der kleine Bruder muß die gleiche Verantwortung und die gleichen Pflichten erhalten, wenn er in das Alter kommt, in dem der große Bruder seine Aufgaben bekam. Die Eltern riskieren, den großen Bruder zu überfordern und den Jüngsten zu sehr zu beschützen, wenn die Verantwortung nicht gleichmäßig auf beide verteilt wird. Der kleine Bruder darf sich nicht daran gewöhnen, daß der große bereitsteht, um ihm die Aufgaben abzunehmen. Schon als Kind soll er eine bedeutsame Rolle haben. Menschen, die übersehen werden, finden nicht den Glauben an sich selbst und werden es ohne den Funken des Bewußtseins, daß sie bedeutungsvoll sind, im späteren Leben schwerhaben, sich Geltung zu verschaffen. Daß es dem jüngsten Bruder häufig an Selbstvertrauen mangelt, sieht man daran, daß er unter Alkoholikern überrepräsentiert ist.

3 Die Drei-Kinder-Familie

Das mittlere Kind

Das mittlere Kind ist das eingeklemmte, vergessene und übersehene Kind, heißt es häufig. Doch das ist eine Wahrheit mit vielen Varianten. Es kommt ganz wesentlich darauf an, wie die Verteilung von Jungen und Mädchen und wie groß der Altersabstand zwischen ihnen ist. Wenn drei bis vier Jahre zwischen den Kindern liegen, gibt es selten Probleme, denn dann haben die Eltern für jedes einzelne Kind genug Zeit gehabt, und die Kinder können sich in ihrem eigenen Tempo entwickeln. Der kleine Bruder mag zwar mit seinem vier Jahre älteren großen Bruder konkurrieren, aber es kommt nie zu einer so harten und verbissenen Konkurrenz zwischen ihnen, wie wenn sie zwei bis zweieinhalb Jahre nacheinander geboren wären.

Kinder werden stets am stärksten von den Geschwistern geprägt, die ihnen im Geschwisterkreis unmittelbar voraufgehen oder nachfolgen. Wenn eine Familie zuerst einen Jungen bekommt, danach ein Mädchen und anschließend wieder einen Jungen, werden die beiden Brüder eine ganz andere Rollenverteilung und andere Charakterzüge entfalten, als wenn sie nacheinander geboren wären. Kinder aus reinen Jungen- oder Mädchenfamilien entwickeln sich wiederum völlig anders als Kinder aus gemischten Familien.

Das Mädchen zwischen zwei Schwestern

Die mittlere Schwester ist die überflüssige Schwester. Sie bekommt keine Rolle und keine Verantwortung, sondern wird zwischen ihren beiden Schwestern eingeklemmt. Von den Eltern wird sie oft übersehen; sie vergessen, ihr Aufgaben und Verantwortung zu übertragen, was dazu führt, daß sie kein Selbstvertrauen entwickelt und sich bedeutungslos vorkommt. Ihre beiden Schwestern haben dagegen fest definierte Rollen und teilen die Eltern oft zwischen sich auf.

Bis zu einem gewissen Grad wird die Familie mit drei Mädchen das Muster der Familie mit zwei Mädchen wiederholen. Die große Schwester wird das große, tüchtige Mädchen, das die Verantwortung für die Kleinen hat. Dominant und daran gewöhnt, das Kommando zu übernehmen, wird sie sich im Berufsleben meist gut behaupten. In der Regel ist sie die konservativste von allen, weil sie die Familientraditionen weiterführen soll. Als die Erstgeborene wurde sie oft sehnsüchtig erwartet, besonders vielleicht vom Vater, und daher kann es ihr schwerfallen, sich von ihm zu lösen.

Die kleine Schwester sieht sich noch ausgeprägter in ihre Rolle gedrängt, wenn sie nicht nur eine, sondern zwei ältere Schwestern hat. Wenn sie als das kleine Mädchen der Familie aufgezogen wird, entwickelt sie sich zu einem schwachen, unsicheren und unselbständigen Menschen.

Bei drei Mädchen jedoch ist es naheliegend, daß die Eltern ihr etwas von der Rolle zuteilen, die ein Junge gehabt haben würde. In diesem Fall wird sie viel freier werden als ihre Schwestern und ihre Ausbildung, ihren politischen Standort und ihre Freunde quer zu allen Traditionen wählen. Sie wird kreativ, selbständig und tatkräftig.

Wenn die Eltern ihr unbewußt etwas von der Jungenrolle zuteilen, wird oft sie diejenige sein, zu der der Vater das engste Verhältnis hat, was bedeutet, daß sie ein besseres Einfühlungsvermögen in die männliche Welt mitbekommt – und deshalb leichter mit Männern umgehen kann.

Im Gegensatz zu seinen Schwestern sucht das mittlere Mädchen oft sein ganzes Leben lang nach einer Rolle, in der es sich entfalten kann. Aber sie wird sie nur schwer finden. Sie ist weit häufiger auf psychiatrische Hilfe angewiesen als die große oder die kleine Schwester. Sie unterliegt öfter Depression und Resignation, und unter Suizidopfern und -gefährdeten sowie weiblichen Süchtigen und Alkoholikerinnen ist sie überrepräsentiert.

Der Abstand zwischen den drei Mädchen hat entscheidende Bedeutung für die Entwicklung des mittleren Mädchens. Beträgt er lediglich zwei bis zweieinhalb Jahre, so ist das Risiko, daß sie vergessen und übersehen wird, groß. Liegen vier bis fünf oder mehr Jahre zwischen ihnen, treten kaum Probleme auf, denn die Eltern werden die drei zu einem gewissen Grad als Einzelkinder erziehen, und es gibt reichlich Platz für sie alle.

Ein anderer Ausweg kann darin liegen, daß des Vaters Mutter in ihrer Familie auch ein mittleres Mädchen war, denn dann wird der Vater in der Tochter seine eigene Mutter sehen. Das wird nicht allein ein engeres Verhältnis zu ihr schaffen, sondern ihr auch eine Rolle und eine gehörige Portion Aufmerksamkeit verleihen, die sonst den Schwestern zugute gekommen wären.

In der Welt der Träume

Als Kind und junges Mädchen zieht die mittlere Schwester sich oft in eine Welt zurück, die von Phantasie und Träumen statt von Realitäten beherrscht wird. Sie ist isoliert und hat weniger Bezug zur Außenwelt als ihre beiden Schwestern; sie ist oft stark auf sich selbst fixiert und entwickelt narzißtische Charakterzüge. Die Schwierigkeit, eine Beziehung zum Vater zu etablieren, setzt sich auch im späteren Umgang mit Männern fort. Als Kind ist sie auf die Schwestern oft eifersüchtig gewesen, und ihre Probleme, eine gute Paarbeziehung aufzubauen, verstärken diese Eifersucht.

Die mittlere Schwester entwickelt oft schwächere heterosexuelle Neigungen und ist unter Asexuellen überrepräsentiert. Nicht selten trifft man sie als Mitglied religiöser oder sektiererischer Gemeinschaften. Vielleicht deshalb, weil ein Mann für sie etwas Fernes ist, etwas, das man am besten in abstrakter Form durch Religiosität findet.

Das mangelnde Selbstwertgefühl des mittleren Mädchens färbt oft auf ihre Kinder ab, speziell auf die Söhne; denn ihre Fähigkeit, ihnen Selbstvertrauen und Handlungskraft mitzugeben, ist geringer als bei anderen Müttern. Und es wird ihr schwerer fallen, sie zu verstehen, da sie immer nur von Frauen umgeben gewesen ist.

Von Anfang an hat das mittlere Mädchen aus vielerlei Gründen sehr ungünstige Voraussetzungen; aber die Eltern können viel dazu beitragen, ihr dennoch einen guten Start zu ermöglichen. In erster Linie sollten sie dafür sorgen, daß die große und die kleine Schwester etwas von ihren Rollen an die mittlere abtreten. Und sie müssen sehr darauf achten, daß sie mit Verantwortung, Aufgaben und Lob in das Familienleben einbezogen wird. Sie braucht Aufmerksamkeit und Bestätigung. Die Eltern sollten sie teilhaben lassen an ihren Interessen, aber auch versuchen, ihre eigenen zu fördern, damit sie es nicht nötig hat, in eine Traum- und Phantasiewelt zu flüchten. Man übersieht sie leicht, und deshalb braucht sie besondere Fürsorge, nicht materieller Art, sondern in Form von Aufmerksamkeit. Sie sollte an den Diskussionen in der Familie beteiligt sein und lernen, Entscheidungen zu fällen, damit sie das Gefühl bekommt, daß sie ein vollgültiges Familienmitglied ist.

Drei Jungen

Die Entwicklung des mittleren von drei Brüdern ist schwer voraussagbar, ein Fall von entweder–oder. Oft wird er zwischen seinen Brüdern eingeklemmt und muß sich eine Rolle erkämpfen. Und das gelingt nicht immer.

Der älteste und der jüngste Junge der Familie haben häufig ziemlich viel gemeinsam mit denen einer Familie mit zwei Jungen. Der große Bruder ist in noch höherem Maß derjenige, der Verantwortung für die Kleinen trägt, und derjenige, der über sie bestimmt. Er wird in der Regel selbstsicher und dominierend, allzu selbstsicher, werden viele meinen. Doch hier ist wieder der Altersunterschied von maßgeblicher Bedeutung. Wenn mindestens drei bis vier Jahre zwischen ihm und der Nummer zwei liegen, entwickelt er sich zu einem weicheren Typ als der Zweitälteste, weil er in den ersten Jahren nicht konkurrieren mußte und weil reichlich Zeit und Platz für ihn vorhanden waren. Er kann dann ein umsichtiger, angenehmer Typ werden, der weder besonders ehrgeizig und materialistisch ist noch andere der ausgeprägten Merkmale des großen Bruders aufweist.

Oft beobachtet man dagegen, daß der mittlere Bruder die Rolle des großen Bruders für sich in Anspruch nimmt, sie mit Feuereifer ausfüllt und sich vielleicht zu einem noch effektiveren und ehrgeizigeren Strategen entwickelt als der echte große Bruder, da er sich sowohl von seinem älteren als auch von seinem jüngeren Bruder bedrängt gefühlt hat. Er besitzt als Erwachsener ein enormes Gespür dafür, auf welche Niederträchtigkeiten Männer verfallen können, da er die ganze Zeit seinen Brüdern gegenüber auf der Hut sein mußte. Trotz aller Konkurrenz werden die Jungen nach außen zusammenhalten – sie können sogar ausgesprochen «sizilianisch» wirken in ihrem Zusammenhalt; aber es geht ihnen um die Familie, nicht um andere Männer, und die Bruderkonflikte sitzen tief. Beispielsweise wird der mittlere Bruder kaum je mit anderen Männern eng zusammenarbeiten können, es sei denn, er kann das Verhältnis zu den Brüdern wiederbeleben. Er wird sich beispielsweise gut mit einem weichen Typ Mann verstehen, der wie sein großer Bruder zuläßt, daß er ihm nach außen hin die Schau stiehlt, auf den er sich ansonsten aber stützen kann und der ihm wie der große Bruder seiner Kindheit Rückendeckung und gute Ratschläge gibt.

Der kleine Bruder wird ganz allgemein der freieste – und der mit Abstand fröhlichste von allen dreien. Er wird auch viel freier als der kleine Bruder in der Familie mit zwei Jungen, weil er seiner eigenen Wege gehen darf. Während der mittlere Bruder sich sehr ernst nimmt und stets darauf bedacht ist, wie er auftritt, wird aus dem kleinen Bruder ein unkonventioneller und aufgeschlossener Mensch. Sein Sinn für Humor ist gut entwickelt und raffiniert, weil er seit frühester Kindheit gezwungen war, sich gegenüber den zwei größeren und stärkeren Brüdern verbal zu behaupten.

Der mittlere Junge versucht häufig, sich sowohl verbal als auch physisch durchzusetzen. Er lernt Verteidigung gegenüber dem großen und Angriff gegenüber dem kleinen Bruder. Wenn der Altersunterschied zwischen ihnen gering ist, läuft dies auf ein wahres Elitetraining in latentem Machtkampf hinaus. Er wird ein Mann der Tat und lernt früh, seine Gefühle zu verbergen. Von Vorteil ist das nicht, denn der so maskulin geprägte mittlere Bruder hat später oft schwerwiegende Probleme. Er läuft Gefahr, von seinen Gefühlen sozusagen durch die Hintertür übermannt zu werden, was sich in psychosomatischen Reaktionen in Form von Muskelverspannungen, erhöhtem Blutdruck oder der Tendenz zu Magengeschwüren und Angst manifestiert.

Seine eigenen Aggressionen machen ihm angst, und beim bloßen Gedanken daran, was geschehen könnte, wenn er ihnen nachgäbe, schaudert es ihn. Außerdem leidet er an einer ganz und gar irrationalen Furcht vor seinen eigenen Gefühlen. Die Auffassung, daß nur Mädchen über ihre Gefühle reden, sitzt tief in ihm. Da er seine eigenen Emotionen fürchtet, ist er wortkarg, sehr beherrscht und vielleicht sogar paranoid. Die Tochter eines solchen mittleren Bruders hat es nicht leicht. Frauen mit Angstzuständen haben häufig einen Vater, der mittlerer Bruder war. Solche Männer erziehen mehr als mit Worten mit Blicken und Mienen, hinter denen nicht selten eine Drohung, Gewalt anzuwenden, liegt. Einer solchen Taktik würde sich ein Mann mit Schwestern niemals bedienen, und es ergibt sich von daher ein so großer Unterschied im Kindheitsmilieu der beiden Frauentypen, daß man es zuweilen sogar an der Physiognomie der Töchter ablesen kann.

Als Vater erzieht der mittlere von drei Brüdern seine Tochter stark leistungsorientiert; sie leidet oft an chronischer Angst, nicht das Richtige zu tun oder nicht gut genug zu sein, ungeachtet dessen, wie gut sie ihre Aufgaben erledigt und wie sehr andere sie schätzen. Sie ist oft eckig gebaut und hat schmale, zusammengekniffene oder tiefliegende Augen. Es ist, als verengte ständige Alarmbereitschaft ihre Augen.

Ihr diametraler Gegensatz sind Frauen, deren Vater nur Schwestern hatte. Sie haben häufig große, vielleicht sogar kuhartige Augen und sind wesentlich wärmer, spontaner und ausdrucksvoller. Während die Tochter des mittleren von drei Brüdern ihren eigenen Kindern gegenüber sehr strikt ist und verlangt, daß sie die Dinge in einer ganz bestimmten Weise tun, sie häufig dazu treibt, ihr Äußerstes zu geben, geht die andere entspannt und offen mit ihren Kindern um. Sie ist weniger fordernd und kontaktfreudiger.

Ein streitsüchtiger Widerspruchsgeist

Der mittlere von drei Brüdern muß sich nicht zwangsläufig zu einem wortkargen, gefühlskalten Macho entwickeln. Mit genügend Altersabstand zu den Brüdern kann er sogar sehr redegewandt, vielleicht sogar ein streitsüchtiger Widerspruchsgeist werden. Falls er nicht über die Körperkräfte verfügt, sich gegen die anderen zu behaupten – der kleine Bruder ist möglicherweise sogar größer als er –, wird er lernen, seinen Verstand als Waffe gegen sie zu gebrauchen. Er kann dann ein hervorragender Redner werden, der den Verlauf einer Diskussion in überlegener Weise lenkt und vorhersieht.

Viele mittlere Brüder erwerben trotz ihrer schlechten Voraussetzungen große Lebenstüchtigkeit, weil sie gezwungen waren, sich sowohl physisch als auch verbal zu behaupten, und zwar nach oben wie nach unten. Ein mittlerer Bruder wirkt in seinem Verhalten anderen Menschen gegenüber oft reserviert und abwartend, weil er seine Wachsamkeit gegenüber den Brüdern auf andere Menschen, die er nicht kennt, überträgt. Er lebt in einer ewigen Furcht davor, daß andere ihn zum besten halten. Auch Frauen gegenüber wirkt er häufig wachsam und prüfend. Es macht ihm die Sache nicht leichter, daß er sich im allgemeinen ungenügend in die weibliche Gedankenwelt hineinzuversetzen vermag. Eine kleine Schwester wäre Gold wert gewesen, weil sie es ihm erleichtert hätte, mit Frauen umzugehen, aber auch, weil er sich mit ihr gegen die Brüder hätte verbünden können. Aber sie war nun einmal nicht da; er ist eingesperrt in eine Jungen-/Männerwelt und bringt es nicht über sich, die Stufen zu einer Frau hinaufzusteigen, die eine höhere Position einnimmt oder intelligenter ist als er. Um den Erfolg einer Frau respektieren zu können, müßte er sich in ihre Welt hineinbegeben und verstehen, wie sie darin lebt. Doch dazu ist er aufgrund seines mangelnden Kontaktes zu Frauen nicht in der Lage. Es wird ihm schwerfallen, Frauen als ebenbürtig zu sehen. Er findet es zum Beispiel ganz natürlich, daß sein Wagen doppelt so teuer ist wie der seiner Frau oder daß sie den Bus nimmt und im übrigen ihrer Hausfrauenarbeit nachgeht.

Der Bruder zwischen zwei Schwestern

Wenn das mittlere Kind zwischen zwei Schwestern ein Junge ist, wird er völlig anders geprägt als eine mittlere Schwester. Während sie sich zwischen der großen Schwester und der kleinen Schwester, die beide fest definierte Rollen haben, eingeklemmt und identitätslos fühlt, ist der Junge zwischen zwei Schwestern in besonderer Weise frei. Er wird nicht übersehen, hat seine eigene Identität und braucht auch physisch nicht darum zu kämpfen, bemerkt zu werden, wie es der Fall wäre, wenn er in einer rein männlichen Geschwisterreihe aufgewachsen wäre.

Wo der mittlere von drei Jungen in einer Familie oft sehr wortkarg wird, wird der Junge zwischen zwei Schwestern in der Regel ein besonders redseliger Bursche, als fühlte er, daß er derjenige in der Familie ist, der nicht nur am meisten, sondern auch am lautesten reden muß, um durchzudringen – und das versucht er folglich die ganze Zeit.

Aufgrund seines engen Kontakts zu den Schwestern entwickelt er ein sehr feines Verständnis für Frauen und fühlt sich später in der Gesellschaft von Frauen immer wohler als in der von Männern. Sie werden seine Gegenwart ebenfalls schätzen, weil er bei allem, was Frauen angeht und interessiert, mitreden kann. Er ist das genaue Gegenteil des mittleren Bruders und wird nie Angst haben, mit Frauen über persönliche Dinge und Gefühle zu sprechen. Er hat auch nicht die geringste Angst, sich zu exponieren oder zu blamieren, sondern ist im Gegenteil überzeugt, daß seine Ansichten spannend und interessant sind. So wurden sie ja auch zu Hause aufgenommen.

Sein großes Problem im Berufsleben ist, daß es ihm schwerfällt, sich Geltung zu verschaffen. Seine Ellenbogen sind rund, und er vermag sie nur linkisch zu gebrauchen, weil er seine Rolle und seine Position in der Familie gratis bekommen hat.

Auch wenn er gewohnt ist, mit Frauen umzugehen, und sie und ihre Gefühle besser versteht als die meisten anderen Männer, ist er deshalb noch lange nicht der einfachste Ehemann der Welt. Er wuchs in einer Minoritätssituation in einem weiblich dominierten Haushalt auf, und in familiären Zusammenhängen wird er deshalb stets finden, daß es notwendig ist, auf seinem Recht zu bestehen, indem er lautstark lospoltert.

Zu seinen Kindern, Söhnen wie Töchtern, hat er meist ein

gutes Verhältnis. Allerdings wird er dazu tendieren, die häuslichen Pflichten seiner Frau und seinen Kindern zu überlassen, denn die Wahrscheinlichkeit ist groß, daß er in einer Familie aufgewachsen ist, wo die Frauen allzeit bereitstanden, um ihm die Arbeit abzunehmen. Bei seiner Erziehung ist es deshalb wichtig, dafür zu sorgen, daß er die gleichen Pflichten und die gleiche Verantwortung bekommt wie seine Schwestern, wenn er im entsprechenden Alter ist. Ebensowichtig ist es, daß die kleine Schwester, die vielleicht sogar sein Pseudo-Zwilling ist, nicht dazu angehalten wird, häusliche Aufgaben für ihn zu erledigen oder die Verantwortung für Dinge zu übernehmen, die er ohne weiteres selbst bewältigen kann.

Die Schwester zwischen zwei Brüdern

In einer Familie mit zwei Söhnen und einer Tochter ist der Platz der letzteren in der Geschwisterreihe entscheidend für ihre Persönlichkeitsentwicklung.

Falls sie das mittlere Kind zwischen zwei Jungen ist, kann sie, ohne das Gleichgewicht zu verlieren, zur perfekten Diplomatin werden, die sich geschickt durch die Machtkämpfe der Brüder hindurchwindet. Sie ist diejenige, bei der beide Unterstützung und Ermunterung suchen. Und beide werden das Gefühl haben, zu bekommen, was sie wollen. Eine andere Möglichkeit ist, daß sie als Schiedsrichterin fungiert und die brüderlichen Streitigkeiten schlichtet. Vielleicht mit diplomatischem Geschick, vielleicht mit einem Machtwort. Eine weitere Möglichkeit ist, daß sie ihre treue Dienerin oder Untertanin wird, nämlich dann, wenn sie die Rolle als «Mutters großes, tüchtiges Mädchen» oder «Mutters Allerbeste» innehat oder wenn die Brüder so stark sind, daß sie es nicht mit ihnen aufnehmen kann; wenn die Eltern dann nicht eingreifen und die Brüder zur Seite schieben, wird sie sich schwerlich behaupten können.

Schwester zwischen zwei Brüdern zu sein kann eine Menge Vorteile haben. Das Mädchen ist die «kleine» große Schwester der Familie, die nicht allein Verantwortung zu tragen hat, sondern auf die auch gut aufgepaßt wird. Sie entwickelt oft ungewöhnliches Verständnis und Toleranz. Sie kennt die Männer, hat aber kein Bedürfnis, sie zu lenken oder zu verändern. Sie hält das für eine Vergeudung von Zeit und Energie. Mit ihrer guten Männerkenntnis, ihrem Selbstvertrauen und ihrer großen Toleranz wird sie nicht nur eine mustergültige Ehefrau und eine Mutter, die ihre Töchter wie ihre Söhne versteht; sie wird auch eine wirklich gute Schwiegermutter, und in dieser Hinsicht wird sie nur von der Frau mit zwei älteren Brüdern übertroffen. Die kleine Schwester zweier Brüder nämlich bekommt ihre Rolle als einziges Mädchen in der Familie, läuft aber Gefahr, Männer etwas zu sehr zu bewundern, weil sie sich von Kindheit an in ungewöhnlich hohem Grad in deren Welt einleben mußte. Wenn sie nur Töchter hat, wird sie Schwierigkeiten haben, mit ihnen umzugehen; dagegen bereitet es ihr nicht die geringsten Probleme, ihren Mann zu verstehen. Aus der Sicht des Schwiegersohns ist sie die beste Schwiegermutter der Welt. Eine, mit der er über alles reden kann und die jederzeit bereit ist, für ihn aufzutischen. Was die Tochter dazu sagt, ist eine andere Sache.

Die große Schwester mit zwei kleinen Brüdern

Die große Schwester von zwei jüngeren Brüdern übernimmt schon früh die Verantwortung für die Geschwister und hält sie zusammen. Sie ist selbstsicher und resolut, nicht nur den Brüdern, sondern später auch dem Rest der Familie und ihren Arbeitskollegen gegenüber.

Zu Männern entwickelt sie ein ambivalentes Verhältnis. Einerseits bedrohen sie ihre Position, anderseits sind sie auf ihre Hilfe angewiesen. Sie hat erlebt, wie die Brüder versuchten, ihr den Rang als Erstgeborene streitig zu machen, und sie hat sich weitaus energischer verteidigen müssen als das Mädchen mit nur einem kleinen Bruder. Gleichzeitig hat sie im Verlauf der Kinder- und Jugendjahre gelernt, daß Jungen schlecht allein zurechtkommen – sie hat ihnen ja ununterbrochen helfen und darauf aufpassen müssen, daß es kein Unglück gab. Außerdem hat sie die ganze Zeit darauf achten müssen, ebenso hoch auf die Bäume klettern und ebenso schnell laufen zu können wie sie, um sie auf dem ihnen gebührenden Platz unter sich zu halten. Als Erwachsene ist sie eine glänzende Hilfe für Männer in Not, die Rat bei ihr suchen. Überhaupt wird es ihr leichtfallen, das Vertrauen und die Bewunderung von Männern zu gewinnen.

Der passendste Partner für sie ist ein Mann, der ein kleiner Bruder war und nach Möglichkeit ein paar Jahre älter ist als sie. So kann sie ihn einerseits als Vaterfigur sehen, anderseits seine Eigenschaften als kleiner Bruder ausnutzen. Die Partnerschaft mit einem großen Bruder ist dagegen aufgrund des Rangkonflikts problematisch; denn beide reißen Entscheidungsrecht und Verantwortung an sich.

Die große Schwester mit zwei jüngeren Brüdern entwikkelt mehr Ehrgeiz und Konkurrenzbewußtsein als das Mädchen mit nur einem kleinen Bruder und behauptet sich im Arbeitsleben besser. Als Erwachsene fällt es ihr meist leichter, mit Frauen umzugehen, als in der Jugend. Den Teenager irritiert Mädchengesellschaft nur, und sie hat keinen Bedarf an einer Freundin, mit der sie tuscheln und kichern kann. Sie hat zu Hause kein Training im Backfischkichern gehabt, denn dort waren nur Brüder, und vermutlich hatte sie zu ihrem Vater die engste Beziehung, da die Mutter die Söhne bevorzugte. Der Vater widmete ihr besondere Aufmerksamkeit, weil sie seine einzige Tochter war und er wahrscheinlich seine Mutter in ihr gesehen und sie mit dem Bild seiner eigenen Mutter vor Augen erzogen hat.

Die zwei Jungen nehmen Züge und Rollen aus der Zwei-Kinder-Familie mit großer Schwester und kleinem Bruder sowie aus der Familie mit zwei Jungen an. Der mittlere Junge ist ehrgeiziger als einer, der nur eine große Schwester hat. Aber er ist ein weicherer Typ als der große Bruder in der Familie mit nur zwei Kindern, die beide Jungen sind. Der ältere Junge wird es in einer Partnerschaft schwerer haben als der jüngere, weil er dazu tendiert, sich unentwegt in Konkurrenz mit der Partnerin zu fühlen, es sei denn, sie wäre eine ehemalige kleine Schwester, die ihm gern sämtliche Entscheidungen überläßt.

Der kleine Bruder mit zwei großen Schwestern

Die Kombinationsmöglichkeiten in den Drei-Kinder-Familien ergeben je nach der Geschlechter- und Altersverteilung viele Überschneidungen mit Zwei-Kinder-Familien. Der kleine Bruder mit einer oder zwei Schwestern entwickelt einen schwächeren Charakter als der Junge zwischen Schwestern (oder mit nur einer großen Schwester). Im Arbeitsleben mangelt es ihm oft an Durchsetzungsvermögen. In der Partnerschaft verbindet er sich am besten mit einer ruhigen und starken Frau, die ihn führen kann.

Der große Bruder mit zwei kleinen Schwestern

Der große Bruder von zwei kleinen Schwestern entwickelt eine ganz andere Persönlichkeit als der große Bruder, dem zwei jüngere Brüder nachfolgen – er selbst würde wohl eher von «verfolgen» sprechen. Er wird nicht so aggressiv, sondern ein weicherer, weniger ehrgeiziger und weniger verbissener Typ. Es wird ihm bedeutend leichter fallen, mit Frauen umzugehen und Freundinnen zu finden. Seine Probleme auf diesem Sektor beginnen eigentlich erst, wenn er selbst Vater einer oder mehrerer Töchter wird. Dann entpuppt er sich nämlich – nicht selten zu seiner eigenen großen

Überraschung – als ein überaus dominierender Vater. Er mischt sich unentwegt in alles ein, duckt die Tochter und kritisiert sie in einer vollkommen unangemessenen Art und Weise. Die Erklärung liegt darin, daß seine Eltern ihn zum Miterzieher der zwei jüngeren Schwestern gemacht haben, doch mit der Einschränkung, daß sie eingriffen und ihn in seine Schranken wiesen, wenn er zu weit ging. Nun sind sie nicht mehr da, um ihn zu bremsen, und deshalb geht er drauflos und bevormundet die Töchter mehr, als er eigentlich möchte.

In der Partnerschaft harmoniert er am besten mit einer ehemaligen kleinen Schwester. Eine große Schwester als Partnerin würde eine Unzahl von Rangkonflikten mit sich bringen. Wenn das älteste Mädchen der Familie in einem Pseudo-Zwillings-Verhältnis zu ihm steht, wird er eine große Schwester oder ein Mädchen mit der gleichen Position in der Geschwisterreihe auf keinen Fall akzeptieren können. Es würde die Niederlagen, die er in der Kindheit durch sie hat einstecken müssen, allzu lebendig in Erinnerung rufen.

Im Berufsleben verschafft er sich selten in der gleichen Weise Geltung als Führungspersönlichkeit wie ein großer Bruder von zwei Brüdern. Am liebsten ist ihm eine Arbeit mit Menschen, gern auch ein Arbeitsplatz, wo viele Frauen beschäftigt sind. Hier kann er seine Fähigkeit, mit Frauen umzugehen, entfalten, und seine kreativen Gedanken und Ideen werden vielleicht positiver aufgenommen als an einem reinen Männerarbeitsplatz, wo er sich oft ziemlich verloren vorkommt. Er fühlt sich auch häufig zu Tätigkeiten im Bereich der Psychologie oder zu pädagogischen Berufen hingezogen, eventuell auch zu Journalistik und anderen Fächern, bei denen Kommunikation im Mittelpunkt steht.

4 Die Kinder der Großfamilie

Kinder in großen Familien mit vier, fünf, sechs oder mehr Kindern wachsen mit zahlreichen Kombinations- und Rollenmöglichkeiten auf. Aber häufig bilden sie unbewußt Geschwistersektionen, in denen sie weitgehend dem Muster weniger kinderreicher Familien folgen.

Auch die Kinder der Großfamilie sind am stärksten von den Geschwistern geprägt, die ihnen in der Geschwisterreihe unmittelbar voraufgehen oder unmittelbar nachfolgen. Deshalb muß man besonders den Einfluß der umgebenden Geschwister betrachten, wenn man die Dynamik in einer Familie aufdecken und Verständnis für Persönlichkeit, Reaktionsmuster und Handlungsweisen der einzelnen Mitglieder gewinnen will.

Ebenso ist die Geschlechterverteilung von entscheidender Bedeutung dafür, welche Geschwisterbeziehungen entstehen und welche Rollenverteilung innerhalb der Familie und später im Erwachsenenleben begründet wird.

Hat beispielsweise eine Familie zunächst drei kurz hintereinander geborene Mädchen, denen nach einer Zeit von sechs bis sieben Jahren zwei Jungen dicht nacheinander folgen, so werden die drei Mädchen weitgehend die Rollenverteilung einer Familie mit nur drei Mädchen annehmen. Obwohl sie Brüder haben, ist der große Altersunterschied zu ihnen einer der Gründe, warum sich ihre Partnerbeziehungen später problematischer gestalten als bei Frauen aus gemischten Geschwisterreihen, in denen keine scharfe Trennung der Geschlechter besteht.

Wenn die Familie mit fünf Kindern aus drei in sehr rascher Folge geborenen Jungen und zwei später geborenen Schwestern besteht, werden die drei Jungen eine eigene Sektion mit der gleichen aggressiven Dominanz, den gleichen verbissenen Machtkämpfen und der gleichen Rollenverteilung bilden wie in der Familie mit drei Jungen. Die Mädchen ihrerseits bilden eine Sektion für sich, so daß die große Schwester, auch wenn sie nur die Nummer vier in der Geschwisterreihe ist, im Verhältnis zu ihrer kleinen Schwester dennoch die große Schwester ist und eine Reihe der Vorteile einer großen Schwester mitbekommt, während sie gleichzeitig von den schweren Verpflichtungen befreit ist, die normalerweise auf einer echten großen Schwester in einer so großen Geschwisterschar lasten. Je größer der Abstand zu den Jungen ist, um so stärker sind die Schwestern von dem Rollenmuster geprägt, das in der Familie mit nur zwei Mädchen gilt, obwohl Bindungen zu den Jungen durchaus bestehen. Diese Bindungen bewirken unter anderem, daß beide Mädchen, in erster Linie jedoch die kleine Schwester, im Erwachsenenleben am besten mit einem Partner harmonieren, der großer Bruder ist; denn das ist der Männertyp, den sie am besten verstehen.

Der Altersunterschied ist überhaupt von wesentlicher Bedeutung für die Entwicklung der Kinder, und man kann deshalb nicht generell sagen, daß das mittlere Kind in einer großen und dichten Geschwisterreihe automatisch eingeklemmt und übersehen wird. Der große Bruder eines vierzehn Monate jüngeren Pseudo-Zwillings-Bruders ist weit eingeklemmter als die mittleren Kinder in einer großen Familie mit gutem Altersabstand. Wenn drei bis vier Jahre Abstand zwischen den Kindern liegen, bedeutet das reichlich Platz und Zeit für jedes von ihnen, und sie entwickeln sich vollkommen anders, als wenn mehrere Pseudo-Zwillings-Verhältnisse in der Geschwisterreihe bestehen.

Was Pseudo-Zwillinge betrifft, so gibt es wohl kaum stärker betroffene als solche, die auf beiden Seiten eingeklemmt sind. Wenn zum Beispiel die drei Ältesten Jungen sind und das vierte ein Mädchen und zwischen den beiden letzten liegt nur ein Abstand von eineinhalb Jahren, dann wird der jüngste Junge das Kind mit der schlechtesten Ausgangsposition sein. Von oben drängen seine zwei älteren und stärkeren Brüder, gleichzeitig sitzt ihm seine reife und selbstsichere Pseudo-Zwillings-Schwester direkt auf den Fersen. Oder noch schlimmer für ihn: Sie hat ihn schon lange überholt und ihm damit noch einen zusätzlichen Knacks gegeben.

Für große Geschwisterzahlen ist auch charakteristisch, daß typische Persönlichkeitszüge verstärkt werden. Das älteste Kind in einem großen Geschwisterkreis ist in verstärktem Maß großer Bruder oder große Schwester. Die große Schwester, die eine ganze Schar unter sich hat, wird somit noch selbständiger und noch dominierender als die große Schwester von nur ein oder zwei jüngeren Geschwistern. Sie wird kaum die verständnisvollste oder flexibelste Partnerin oder Mutter, denn sie hat für alles feste Regeln und gleichzeitig nur geringes Vertrauen, daß jemand anders etwas für sie erledigen kann. Wenn sie schließlich unter starkem Druck eine Arbeit delegiert, dann folgen dem Auftrag noch eine Reihe von Anweisungen, wie die Arbeit ausgeführt werden soll, und zwar unabhängig davon, ob es sich um das Anrichten einer Käseplatte, um das Schrubben des Küchenbodens oder um die Durchführung der groß angelegten Werbekampagne für ein neues Produkt handelt. Sie wird nicht zufrieden sein, bevor nicht alle ihre Anweisungen bis aufs I-Tüpfelchen befolgt sind. Ihr Konservatismus und ihr Pflichtbewußtsein sind darauf zurückzuführen, daß sie eine sechsfache Erziehung genossen hat. Jedesmal, wenn ein neues Kind kam, haben die Eltern alle Traditionen, Regeln und Hausordnungen repetiert. Außerdem hat sie als die Älteste die Erzieherinnenrolle übernommen und ihren Beitrag geleistet, damit die jüngeren Geschwister einsahen, wie groß und tüchtig sie war. Dagegen wird das jüngste Kind nur einmal erzogen. Und weil das Jüngste oft ein wenig verwöhnt wird und ihm eine Reihe von Hausregeln erlassen werden, prallen Familientraditionen, -erwartungen und -normen oft wirkungslos an ihm ab.

Vorausgesetzt, das Jüngste wird nicht durch übertriebene Aufmerksamkeit und Verwöhnung unselbständig gemacht, entwickelt es sich wesentlich freier und unkonventioneller als die anderen. Ist es ein Mädchen, wird sie in geradezu extremer Weise die freie, kreative kleine Schwester, die die große Schwester nicht selten zur Verzweiflung treibt. Die Älteste predigt, kommandiert und erteilt Ratschläge, und die Jüngste wird in aller Seelenruhe genau das tun, was ihr paßt. Wenn sie dazu noch ein Nachkömmling ist und fünf bis sechs Jahre Abstand zum Nächstjüngeren bestehen, werden die typischen Kleine-Schwester-Eigenschaften mit verschiedenen Charakterzügen des Einzelkindes kombiniert, unter anderem dem, daß ein Einzelkind sich nicht herumkommandieren läßt, sondern selbst entscheidet, was ihm wesentlich ist, und sich im übrigen in keiner Weise verpflichtet fühlt, die Ideen der großen Schwester oder anderer Leute zu verwirklichen.

5 Die Idealfamilie

Nachdem wir nun einige der zahlreichen Geschwisterkombinationen und typische Persönlichkeitsmerkmale der vielen Mitglieder der bunten Schar betrachtet haben, ist der folgende Abschnitt dem seltensten Familientyp gewidmet: der Idealfamilie.

Die idealen Verhältnisse der glücklichen Mitglieder dieser Familie beginnen lange, bevor sie überhaupt geboren werden. Sie sind Wunschkinder verliebter Eltern, und die Mutter ist gesund und fröhlich und genießt ihre Schwangerschaft. Sie fühlt sich gut gerüstet für die Mutterrolle und freut sich auf ihr Kind. Je größer die Freude und Harmonie im Elternhaus, um so besser der Start des Kindes ins Leben. Niemand weiß, wie früh ein Kind im Mutterleib beginnt, Signale und Botschaften aus der Umwelt wahrzunehmen, aber es ist unrealistisch zu glauben, daß das Leben erst mit der Geburt beginnt und daß das Ungeborene nicht eine Menge Eindrücke aufnimmt, die seine Persönlichkeit mitformen. Auch wenn es nicht möglich ist, solche Einflüsse wissenschaftlich nachzuweisen, so sind viele frischgebakkene Eltern überzeugt, daß es sie gibt. Wer seinem ungeborenen Kind ein Wiegenlied gesungen hat, kann beispielsweise erleben, daß das gleiche Wiegenlied eine sehr beruhigende Wirkung auf das Baby hat. In ähnlicher Weise beruhigt sich ein Kind, das als Ungeborenes durch die Bauchdecke der Mutter sanft massiert wurde, schneller als ein Säugling, der mit vorgeburtlicher Massage keine Bekanntschaft gemacht hat.

Es kommt vor, daß Menschen, die eine allem Anschein nach glückliche und harmonische Kindheit verlebt haben, als Erwachsene ernste und unerklärliche psychische Probleme bekommen. Vielleicht hängt dies damit zusammen, daß ihre Mutter während der Schwangerschaft in schwierigen Verhältnissen gelebt hat und sich ihre Angst und Unsicherheit auf das Ungeborene übertragen haben. Psychische Eindrücke und Stimmungen spiegeln sich ja in Veränderungen des mütterlichen Stoffwechsels wider, die das Kind zwangsläufig beeinflussen. Echte Wunschkinder, deren Mutter die ganze Schwangerschaft hindurch fröhlich, unbesorgt und ausgeglichen gewesen ist, haben wahrscheinlich einen enormen Vorsprung im Leben.

Aufgrund der großen Bedeutung der Schwangerschaft sind die menschlichen Konsequenzen der Biotechnologie noch unabsehbar. Sollten Embryotransfer und Leihmutterschaft beim Menschen erlaubt werden und Verbreitung finden, wird es zum ersten Mal in der Geschichte möglich sein, die Frage aufzuwerfen, wer die Mutter eines Kindes ist. Ist es die biologische Mutter? Die Frau, die als Leihmutter gedient hat? Oder vielleicht die Frau, die das Kind tagtäglich pflegt? Auf jeden Fall ist es denkbar, daß beispielsweise Kinder, bei denen die biologischen Eltern das befruchtete Ei von einer Leihmutter austragen ließen, eine psychisch besonders gefährdete Gruppe sind. Der Aufenthalt bei der Leihmutter ist einer vorübergehenden Adoption vergleichbar, bei der das Kind Eindrücke aus einem Milieu empfängt, das sich höchstwahrscheinlich vollständig von dem unterscheidet, aus dem es stammt und in welches es zurückkehren soll.

Die offene Familie

Die ideale Familie besteht aus Elternpaar und vier oder fünf Kindern. Alle Kinder sind Vollgeschwister, das heißt, sie haben alle dieselben Eltern, und die Eltern sind zusammengeblieben. Darüber hinaus sind die Kinder mit einem Abstand von drei bis vier Jahren zur Welt gekommen. Das gibt ihnen Raum, sich harmonisch zu entwickeln, ohne daß sie sich gegenseitig «in die Quere kommen» oder in ein Konkurrenzverhältnis zueinander gedrängt werden.

Nicht nur die Altersverteilung muß stimmen, sondern auch die Reihenfolge und die Geschlechterverteilung: zuerst ein Junge, dann ein Mädchen, dann wieder ein Junge und danach noch ein Mädchen. Der Junge soll nicht deshalb als erster geboren werden, um ein Minipatriarchat in der Familie zu sichern, sondern weil Mädchen sich bedeutend schneller entwickeln als Jungen. Das Selbstwertgefühl eines Jungen wird chronisch gestört, wenn er von einer jüngeren Schwester überholt wird. Das Mädchen entwickelt einen starken Glauben an sich selbst, doch ist das nicht ausschließlich von Vorteil, denn das «große, tüchtige und vernünftige» Mädchen der Familie wird nicht selten eine vollkommen unangemessen hohe Verantwortung bekommen, nicht zuletzt gegenüber dem Bruder.

Mit vier Kindern, zwei von jedem Geschlecht, haben die Eltern optimale Möglichkeiten, gute Eltern zu werden. Sowohl der Vater als auch die Mutter werden nämlich einen Sohn und eine Tochter haben, in denen sie ihre eigenen Eltern sehen und auf die sie ihre Idealvorstellungen übertragen können. Vier Kinder können eine solche Bürde und ein solches Erbe gemeinsam gut tragen, ohne überfordert zu werden, wohingegen ein Einzelkind von ehrgeizigen Eltern unmöglich alle unausgesprochenen Forderungen und Erwartungen erfüllen kann.

Die idealen Eltern haben Freude an ihren Kindern. Daran besteht kein Zweifel. Aber sie leben und atmen nicht ausschließlich für sie. Sie interessieren sich füreinander und ziehen die Kinder nicht zu sehr in ihre Partnerschaft oder in ernste Probleme hinein. Wenn es in der Familie zu Krisen kommt, werden die Kinder sie zwangsläufig bemerken und müssen selbstverständlich informiert werden. Aber man braucht ihnen die Details nicht auszumalen oder Verantwortung aufzubürden. Die Erwachsenen sind für die Lösung der Probleme verantwortlich, was nicht ausschließt, daß die Kinder zu Wort kommen. Eine klare Aufteilung der Verantwortung zwischen Kindern und Erwachsenen ist grundsätzlich erforderlich, damit eine Familie reibungslos «funktionieren» kann. Und das kann sie nicht, wenn Kindern eine Verantwortung aufgezwungen wird, die die Eltern von sich schieben. Die Erwachsenen müssen die Kinder stützen, nicht umgekehrt.

In der Idealfamilie ist reichlich Platz für Uneinigkeit. Hier begegnen sich verschiedene Menschen, verschiedene Ansichten und Temperamente. Die Kinder sollen stets spüren können, daß Vater und Mutter gleichwertig sind, auch wenn sie häufig unterschiedliche Normen und Auffassungen haben, und daß trotzdem eine Gemeinsamkeit zwischen ihnen besteht. Kindern aus solchen Familien wird es leichter fallen, eine Sache zu überdenken und sie von verschiedenen Seiten zu betrachten, bevor sie eine Entscheidung fällen.

Die Idealfamilie ist eine offene Familie. Offen für andere Menschen und Meinungen. Und offen für individuelle Wünsche. Es gibt Raum für abweichende Meinungen und Gesichtspunkte, und die Kinder lernen frühzeitig, daß unterschiedliche Auffassungen willkommen sind und daß Uneinigkeit nicht Ausdruck mangelnden Respekts oder mangelnder Zuneigung ist.

Der offenen Familie entgegengesetzt ist die isolierte Familie, deren hermetische Abgeschlossenheit oft als Deckmantel für so ernste Probleme wie Kindesmißhandlung oder Inzest dient. Charakteristisch für die geschlossene Familie ist, daß sie keinen Raum für abweichende Meinungen läßt. Alle sollen einig sein, alle das gleiche fühlen. In einer solchen Familie sagen die Kinder nicht: «Mein kleiner Bruder ist so und so – genau das Gegenteil von mir.» Sie sagen statt dessen: «Wenn Papa und Mama das nicht mögen, dann mögen wir es auch nicht.» Es ist typisch, daß die

Kinder sehr schnell lernen, eigene Bedürfnisse und Gefühle zu verdrängen; es gehört sich nicht, anders zu sein.

In der geschlossenen Familie wird unentwegt das Wort «wir» gebraucht, während man das Wort «ich» selten hört. Das gilt auch, wenn man sie einzeln nach ihrer persönlichen Meinung zu einer Sache befragt. Auch bei Fragen nach persönlichen Gefühlen äußert sich nicht selten ein anderes Familienmitglied für das befragte.

Die geschlossene Familie hat einen sehr begrenzten Kontakt zu Menschen außerhalb der Familie. Man spricht vielleicht noch mit dem Nachbarn über den Gartenzaun, doch nur über Wind und Wetter, nicht über Gefühle und schon gar nicht über die Familie. Die Idealfamilie ist dagegen jederzeit offen für neue Eindrücke, und sie schafft Platz genug für jeden einzelnen, Platz, um eigenen Interessen nachzugehen und einen eigenen Freundeskreis zu haben.

Die Idealfamilie ist nicht nur sehr selten, sie hat auch unfaßbares Glück. Im Gegensatz zu den meisten Familien ist sie vom Verlust einzelner Mitglieder verschont geblieben. Die Kinder haben ihre beiden Eltern und diese wiederum ihre beiden Eltern. Und selbstverständlich haben die Großeltern ein gutes und intensives Verhältnis zu ihren Enkelkindern, denen sie als die ältesten Familienmitglieder lebendige Familienvergangenheit vor Augen führen.

Man kann es in ein Bild kleiden: Wenn man im Leben gut und fest und mit Selbstsicherheit und Stärke sitzen will, dann soll man auf einem Stuhl sitzen, bei dem die Eltern Sitz und Rückenlehne ausmachen, während die Großeltern je ein Stuhlbein abgeben. Man kann gut auf einem Stuhl mit drei Beinen sitzen, aber man sitzt schlecht auf einem Stuhl, dem zwei oder drei Beine und vielleicht auch Sitz und Rükkenlehne fehlen.

Bei einem Verlust in der Familie, sei es durch Todesfall oder durch Scheidung, können neue Partner hinzukommen und ein neues Netzwerk bilden. Wenn das Verhältnis zwischen dem neuen Partner und den Kindern gut ist, kann der

Stuhl wieder fest werden, doch ein schlechtes und angespanntes Verhältnis führt dazu, daß der einst solide Stuhl ziemlich wackelig wird.

Eine Scheidung kann bedeuten, daß ein Kind den Kontakt zu einem der Elternteile ganz verliert, was ihm sehr große Probleme bereiten wird, ungeachtet dessen, eine wie gute Mutter oder guter Vater der verbleibende Teil ist. Selbst ein noch so bescheidener Kontakt ist oft besser als gar keiner. Am besten ist, wenn Kinder ihre beiden Eltern im täglichen Umgang erleben; doch werden Kinder aus geschiedenen Ehen nicht automatisch ich-schwache Verlierer. Ein warmherziger und intensiv anwesender Wochenend-Vater, der engagiert und aktiv mit seinen Kindern zusammen ist, wenn er sie sieht, gibt ihnen bessere Identifikationsmöglichkeiten als ein Alltags-Vater, der meist abwesend ist und am Leben seiner Kinder nicht teilnimmt.

Scheidungen sind keineswegs immer gleichbedeutend mit Kontaktverlust. Im Gegenteil, viele Kinder aus geschiedenen Ehen bekommen ein ganz neues Beziehungsnetz, wenn ihre Eltern sie weiterhin sehen, nachdem sie in neue Partnerschaften eingetreten sind. Die Kinder gewinnen auf diese Weise nicht nur die doppelte Anzahl von Erwachsenenkontakten in der Elterngeneration, sondern auch in der Generation der Großeltern. Wenn auch die Großeltern Scheidungen und neue Eheschließungen hinter sich haben, findet eine Vervielfachung der Kontakte statt, gleichzeitig aber oft auch eine Verwischung der Verantwortung, die die Erwachsenen gegenüber den Kindern fühlen. Die Geborgenheit wird anders begründet als in der traditionellen Familie, und wenn das Kind nicht seine Mutter oder seinen Vater oder einen anderen festen Punkt im Netzwerk hat, kann sein Ich-Gefühl Schaden nehmen. Auch wenn die zuletzt hinzugekommenen Erwachsenen dem Kind gegenüber Verantwortung und Fürsorge übernehmen, können sie doch die biologischen Eltern nicht ersetzen, sondern nehmen eher den Platz eines Onkels oder einer Tante ein. Es ist jedoch immer vorteilhaft für Kinder, Familien kennenzulernen, die mit ihrer eigenen verwandt sind, aber andere Normen haben. Es ist positiv und nützlich zu erleben, wie andere Menschen leben, man muß nur eine eigene feste Grundlage haben, um vergleichen zu können.

In der Idealfamilie haben beide Eltern viel Zeit für das Zusammensein mit den Kindern, und beide fühlen gleich große Verantwortung für sie. Die Kinder können zwar einen Teil des Tags in einem Kindergarten oder einer Tagesstätte sein, aber nicht jeden Tag von morgens bis abends. Kinder, die mit drei Monaten in den Kleinstkinderhort kommen und zehn bis elf Stunden täglich außerhalb des Elternhauses verbringen, laufen Gefahr, unsichere Identifikationsbilder und -normen zu entwickeln. Wenn sie mit anderen Kindern engeren Kontakt als mit den eigenen Eltern schließen, laufen sie Gefahr, ich-schwache, unsichere Menschen zu werden, die auch ihren eigenen Kindern gegenüber unsicher sind. Besonders gefährdet sind Kinder lediger Mütter, die keinerlei Kontakt mit ihrem Vater haben und den ganzen Tag in einer Tagesstätte verbringen, wo ausschließlich Frauen beschäftigt sind. Wenn das Kind keinerlei Vaterfigur kennt, hat es keine Möglichkeit, das Bild eines Mannes in sich aufzunehmen. Sein Weltbild ist unvollständig, weil die Welt außerhalb der Tagesstätte nicht eingeschlechtlich ist. Jungen, die mit wechselnden Vätern aufwachsen, laufen später selbst Gefahr, Wechselväter zu werden, es sei denn, hinter den vielen Wechseln steht ein starker Großvater, mit dem sie sich identifizieren und den sie nachahmen können, damit sie später sagen: «Meine Kinder sollen auf jeden Fall keine wechselnden Väter haben.» Aber Voraussetzung dafür ist, daß es einen Stabilisierungsfaktor im Familienhintergrund gibt.

Die Tatsache, daß es so viele zerrüttete Familien und alleinstehende Eltern gibt, deutet auf eine Krise im Geschlechterverhältnis hin. Kinder, die den Kontakt zu dem einen Elternteil sehr früh verloren oder nie gekannt haben und mit ihrem Vater oder ihrer Mutter nahezu in einer Zweierbeziehung aufwachsen, durchlaufen eine grundlegend andere Persönlichkeitsentwicklung.

Ein Junge beispielsweise, der allein mit seiner Mutter aufwächst, hat diese ganz für sich. Er hat keinen Grund, seinen Ödipuskomplex zu verdrängen, denn er hat ja bereits, was er haben will. Dies hinterläßt in ihm eine vollkommen unrealistische Selbstsicherheit, während er gleichzeitig schlechte Voraussetzungen für eine Identifizierung mit dem Männlichen hat, weil sein Vater abwesend ist.

Ein Mädchen, das allein mit seiner Mutter aufwächst, wird rasch erwachsen, da das Mutter-Tochter-Verhältnis ohne einen Mann im Haus oft sehr kameradschaftlich ist. Sie wird es nicht leicht haben, sich von der Mutter zu lösen, und zugleich wird sie dazu neigen, Männer zu idealisieren, weil sie sie aus dem Alltag nicht kennt und folglich kein realistisches Bild von ihnen hat.

Es ist denkbar, daß die drastische Zunahme alleinerziehender Väter und Mütter zu einer schwerwiegenden Polarisierung zwischen Männern und Frauen und aufgrund der scharfen Rollenverteilung zu einem Grundkonflikt in den Paarbeziehungen der Zukunft führt. In der idealen Beziehung und der idealen Familie wagen Mann und Frau dagegen wechselweise, Schwäche und Stärke zu zeigen, und sie sind abwechselnd aktiv und passiv.

Aus dem Nest

In der Idealfamilie wie in allen anderen Familien springen die Kinder früher oder später aus dem Nest. Aber es gibt große Unterschiede, wann sie es tun. In der Idealfamilie werden die Kinder früh flügge, und die Eltern sehen die Identität der Kinder nicht dadurch bedroht, daß sie früh aus dem Haus gehen und ein selbständiges Leben führen. Während die Kinder in den ersten Lebensjahren nicht genug

Liebe und Geborgenheit bekommen können, werden sie leicht überfüttert, wenn sie etwas älter werden. Zu einem relativ frühen Zeitpunkt aus dem Nest zu fliegen, kann deshalb von Vorteil für die Persönlichkeitsentwicklung sein. Nicht, daß der Kontakt zwischen Teenagern und Eltern abgebrochen werden sollte; doch sollten beide Teile die Möglichkeit haben, ein selbständiges Leben ohne dauernde Einmischung anderer zu leben. Eltern sollen dasein, wenn die Kinder dies in kürzeren oder längeren Perioden brauchen, aber nicht, um als Hoteliers und Geldlieferanten mit zusätzlichen Aufsichtspflichten zu fungieren. Viele Familienkonflikte ließen sich vermeiden, wenn Teenager die Möglichkeit hätten, aus dem Elternhaus auszuziehen. Vielleicht ist es aus praktischen und wirtschaftlichen Gründen vernünftig, daß ein zwanzigjähriger Student noch immer zu Hause wohnt, aber es kommt oft vor, daß sowohl die Kinder als auch die Eltern einen hohen Preis für dieses Arrangement bezahlen.

6 Adoptivkinder

Familien mit Adoptivkindern können die vielen Voraussetzungen, die für die Idealfamilie gelten, nicht erfüllen. Die meisten anderen Familien können es ebensowenig; wenn die Adoptivfamilie hier trotzdem hervorgehoben wird, dann deshalb, weil dort ganz spezifische Verhältnisse vorliegen, aus denen auch ganz spezifische Probleme erwachsen.

Um es gleich vorweg zu sagen: Adoptivkinder müssen weder mehr noch größere Probleme bekommen als andere, aber einigen geht es so. Sie werden depressiv, fühlen sich in einem Vakuum und finden, daß sie nirgendwo hingehören. Unter anderem ist dies auf Eindrücke zurückzuführen, die sie bereits vor der Geburt empfangen haben.

Man kann kaum eine feste Regel dafür aufstellen, ob oder wann man einem Adoptivkind erzählen soll, daß es adoptiert ist. Doch die glücklichsten Adoptivkinder sind meist diejenigen, die immer gewußt haben, daß sie adoptiert waren, und mit dieser Tatsache als einem Bestandteil ihrer Identität aufgewachsen sind. Das Mädchen aus Korea oder der Junge aus Südamerika, die von klein auf sehen können, daß sie ihren mitteleuropäischen Eltern nicht gleichen, werden dann leichter akzeptieren, daß sie nicht nur anders aussehen, sondern manchmal auch anders denken und fühlen als die Eltern. Die beiden Kinder würden die Unterschiede zwischen sich und den Eltern kaum als Leere oder als Mangel bei sich selbst auffassen, was indessen leicht vorstellbar ist bei einem Adoptivkind, das ohne logische Erklärung dafür aufwächst, warum es so anders ist als die

Eltern. So erging es zum Beispiel Erik, der psychiatrische Hilfe suchte, als er Ende Zwanzig war. Zu diesem Zeitpunkt hatte er schon einige Jahre an starken periodischen Depressionen gelitten, die auch zu Alkoholmißbrauch führten, und fühlte, daß die Situation ihm über den Kopf zu wachsen drohte.

Erik ist Ingenieur, geschieden und Vater einer Tochter. Die Tochter hat seit dem Säuglingsalter allein mit ihrer Mutter gelebt, doch hat Erik sie regelmäßig gesehen. Er hat verschiedene kürzere Beziehungen hinter sich, die er aber stets abbrach, wenn sie intensiv zu werden begannen, weniger aus Furcht, seine Freiheit zu verlieren, als weil er sich stärker und weniger verwundbar fühlt, wenn er nicht in einer festen Beziehung engagiert ist. Er ist im allgemeinen Auftreten sehr schüchtern und reserviert und hat zum Beispiel nie einer seiner Freundinnen von seinen innersten Gefühlen erzählt.

Eriks Vater war Bankdirektor und Sohn eines Großhandelskaufmanns, seine Mutter Hausfrau und Tochter eines sehr wohlhabenden Gutsbesitzerpaars. Er wuchs im teuersten Viertel einer Kopenhagener Vorstadt auf, hat sich aber, soweit er sich zurückerinnern kann, in dem wohlhabenden Milieu wie ein Außenseiter gefühlt, ganz besonders in der Pubertät, als er auch seine ersten Depressionen bekam.

Als Erik Anfang Zwanzig ist, erfährt er, daß er im Alter von drei Monaten adoptiert wurde. Es beeindruckt ihn nicht sonderlich. Im Gegenteil, er fühlt sich in gewisser Weise innerlich befreit, weil er nun eine Erklärung dafür hat, warum er sich oft so fremd gefühlt hat, auch wenn die Adoptiveltern ihn ganz so behandelt haben, als sei er ihr leiblicher Sohn.

Mit den Jahren hat er zu seiner eigenen Überraschung immer stärker den Wunsch, seine leiblichen Eltern kennenzulernen. Er schiebt die Idee aus Furcht vor der Reaktion der Adoptiveltern jedoch lange von sich. Sie würden es seiner Meinung nach als persönliche Kritik an sich auffassen und es als Zeichen ihres Versagens empfinden – und ihnen dieses Gefühl zu geben, erscheint ihm undankbar und verfehlt.

Als Erik um die Dreißig ist, erfährt er von der Vereinigung erwachsener Adoptierter «Wer bin ich?». Er geht zu ein paar Treffen, und von einer Freundin ermuntert, beginnt er, nach seinen leiblichen Eltern zu suchen. Er findet Namen und Anschrift seiner Mutter heraus, und nachdem er über längere Zeit Mut gesammelt hat, nimmt er zögernd Kontakt zu ihr auf; er ist darauf vorbereitet, daß sie ihn ein zweites Mal von sich weist. Doch das tut sie nicht. Sie kann ihre Freude darüber, von ihm zu hören, nicht verbergen, will ihn so schnell wie möglich treffen und erzählt, daß er eine ein Jahr jüngere Halbschwester und einen fünf Jahre jüngeren Halbbruder hat. Sein leiblicher Vater, mit dem die Mutter nicht verheiratet war, ist schon viele Jahre tot.

Als Erik und seine leibliche Mutter sich begegnen, ist ihr erster Kommentar: «Hätte ich mir nur erlaubt, dich zu stillen, dann hätte ich dich nie weggeben können.» Auch die Schwester empfängt ihn sehr herzlich: «Was für eine wunderbare Überraschung! Ich habe mir immer einen großen Bruder gewünscht», sind ihre ersten Worte.

Es ist vier Jahre her, seit Erik seine leibliche Mutter wiedergefunden hat, und es geht ihm entschieden besser. In vollem Einverständnis mit seinen Adoptiveltern besucht er sie regelmäßig, und er versteht sich gut mit ihr, ihrem Mann und seinen Halbgeschwistern, auch wenn objektiv betrachtet eine bedeutende soziale Kluft zwischen ihnen besteht. Seine Mutter war neunzehn und Dienstmädchen, als sie ihn bekam. Später arbeitete sie in einer Fabrik und heiratete einen Mann, der einen kleinen Laden führte. Eriks leibliche Mutter ist selbst Adoptivkind und hat seit ihrer Kindheit den bis heute unerfüllten Traum, ihre Eltern kennenzulernen oder zumindest herauszufinden, wer sie waren.

Eriks Geschichte wird hier als Beispiel herangezogen, weil sie viele Elemente enthält, die sowohl zusammen wie auch jedes für sich genommen für Adoptivkinder charakteristisch sind. Wie Erik sind viele Adoptivkinder schüchtern, unsicher und periodisch depressiv. Entwickeln sie sich jedoch zu starken, harmonischen und selbstsicheren Menschen, kommt es manchmal vor, daß ihre Kinder an Ich-Schwäche leiden und mit psychischen Problemen zu kämpfen haben.

Als Erwachsene klagen Adoptivkinder wie gesagt nicht selten über innere Leere und das Gefühl, nirgendwo hinzugehören, auch wenn sie bereits als Säuglinge adoptiert und in jeder Hinsicht wie Wunschkinder behandelt wurden. Diese Gefühle werden oft ganz besonders dann akut, wenn sie selbst vor der Entscheidung stehen, eine Familie zu gründen.

Die Wurzeln der Probleme von Adoptivkindern sind nicht nur in der Kindheit zu suchen, sondern eher weit zurück im pränatalen Zustand, lange bevor es zur Adoption kam. Es ist ungewiß, wann und inwiefern ein Ungeborenes beginnt, seine äußere Umgebung wahrzunehmen. Wie bereits erwähnt, gibt es Hinweise darauf, daß schon mehrere Monate vor der Durchtrennung der Nabelschnur Umweltfaktoren die Ausbildung unserer Persönlichkeit beeinflussen. Die fehlende Anpassungsfähigkeit von Adoptivkindern kann deshalb als eine Reaktion darauf gesehen werden, daß sie mit anderen Identifikationsmustern auf die Welt kommen als denen, die sie nach der Geburt kennenlernen. Sie können auch von der Tatsache geprägt sein, daß ihre Mutter vielleicht eine unerwünschte und sorgenvolle Schwangerschaft durchlebte.

Während der Schwangerschaft empfangene Eindrücke haben möglicherweise so große Bedeutung, daß sie für das spätere Fühlen und Denken eines Menschen bestimmend werden. In Eriks Fall ist es bemerkenswert, daß die erste Äußerung seiner Mutter an ihn lautete: «Hätte ich mir nur erlaubt, dich zu stillen, dann hätte ich dich nie weggeben können.» Die Mutter bekam schon im Jahr danach ihr nächstes Kind, Eriks Halbschwester, und hat vermutlich, während sie es stillte, an den Sohn gedacht, den sie weggeben mußte und nie stillen konnte. Und das hat vielleicht bei der Tochter eine Sehnsucht nach dem Jungen begründet, der aus der Familie verschwand. Sie vermißte ja ganz konkret einen älteren Bruder.

Erik wurde von seiner leiblichen Mutter und seiner Halbschwester herzlich aufgenommen und fand gleichzeitig Verständnis und Unterstützung bei seinen Adoptiveltern, als er ihnen von seinem großen Wunsch erzählte, seine leiblichen Eltern kennenzulernen. Aber keineswegs alle erwachsenen Adoptivkinder machen so positive Erfahrungen und gewinnen damit eine bessere psychische Grundlage für ihr weiteres Leben. Manche Mütter wünschen nicht, ihre zur Adoption gegebenen Kinder wiederzusehen – aus verschiedenen Gründen. Ein Grund mag sein, daß sie befürchten, das Erscheinen des Adoptivkindes könnte die Existenz, die sie sich inzwischen aufgebaut haben, bedrohen. Das Adoptivkind ist vielleicht das große, dunkle Geheimnis ihres Lebens, das sie vor einem späteren Ehepartner und ihren eventuellen gemeinsamen Kindern immer verborgen gehalten haben. Die Enthüllung kann mit Verständnis und Zuspruch aufgenommen werden, aber es besteht auch ein Risiko, daß der Mann das Gefühl hat, seine Ehe unter falschen Voraussetzungen eingegangen zu sein und mit einer Lebenslüge gelebt zu haben. Es ist denkbar, daß ihre anderen Kinder mit Eifersucht reagieren oder sie als gefühlskalte und schlechte Mutter verurteilen, weil sie ein Kind weggeben konnte.

Für Eriks Mutter war die Sache indessen einfach und unkompliziert. Er hatte ihr gefehlt, und sie erzählte seinen Halbgeschwistern sogleich, daß sie einen Bruder hatten, der sie gern besuchen wollte. Es war in diesem Zusammenhang sicher von ausschlaggebender Bedeutung, daß sie selbst ein Adoptivkind war und daher wußte, wie dringend und notwendig es sein kann, herauszufinden, woher man stammt und warum man geworden ist, wie man ist. Ihre eigene Vergangenheit als Adoptivkind ermöglichte es ihr, sich besonders gut in ihren «verlorenen» Sohn einzufühlen. Vielleicht war sie sogar der Grund dafür, daß sie wie unter innerem Wiederholungszwang ihr eigenes Kind zur Adoption freigegeben hat. Davon, wie ein solcher Wiederholungszwang und eine Disposition für bestimmte Handlungen entstehen können, wird in einem Kapitel des nächsten Teils die Rede sein.

II Frühere Generationen

7 Satellitenübertragung

«Alle sagen, daß ich ganz genauso bin wie mein Onkel. Aber das kann gar nicht sein, denn er emigrierte lange vor meiner Geburt nach Australien, und ich bin ihm nie begegnet.»

Ähnlichkeiten in der Familie sind immer ein guter Gesprächsstoff. Besonders, wenn sie den Erwartungen zuwiderlaufen und es nicht der Vater ist, dem ein Sohn ähnelt, sondern der Großvater oder sein Bruder, die völlig andere Charaktertypen waren. Oder wenn zwei Schwestern je eine Tochter bekommen, die nicht ihnen selbst gleicht, sondern der Schwester, zu der sie ein enges Verhältnis haben. Inmitten aller Sicherheit und Überschaubarkeit existiert eine Art Mysterium – fast als hätte das Schicksal sich einen Scherz erlaubt und dafür gesorgt, daß die gleichen Charaktereigenschaften in der Familie wieder in Erscheinung treten, nur nicht da, wo die meisten es unmittelbar erwarten würden.

Der Prozeß, der die mehr oder weniger ins Auge fallenden Familienähnlichkeiten hervorbringt und Eigenschaften und Charakterzüge von Generation zu Generation weiterträgt, wird in diesem Buch als Satellitenübertragung bezeichnet. So wie ein Satellit die ganze Zeit Botschaften übermittelt, ohne sie zu sortieren, so handeln auch wir selbst, ohne uns dessen bewußt zu sein.

Satellitenübertragung ist eine komplexere Größe als Identifikation, die jedermann unmittelbar beobachten kann. Um Identifikation handelt es sich beispielsweise, wenn der fünfjährige Waldemar während eines Wochenendbesuchs bei Tante Marie und Onkel Jens mit seiner kleinen

Schubkarre und mit einem Hut des Onkels und nacktem Oberkörper im Garten umhergeht. Er sieht todernst und sehr energisch aus. Onkel Jens hat am gleichen Vormittag in Shorts und mit nacktem Oberkörper Gras gemäht. So hat ein Mann in dieser Familie auszusehen, und Waldemar imitiert Onkel Jens, denn er weiß, daß Tante Marie den Onkel gern hat. Das ist Identifikation. Ein typisches Beispiel für eine Satellitenübertragung liegt hingegen vor, wenn ein Mann in einer seiner Töchter seine Mutter sieht und bewußt oder unbewußt versucht, sie nach dem Bild der Mutter zu formen. Wenn seine Mutter in ihrer Familie das älteste Mädchen gewesen ist, wird er sie häufig in seiner eigenen ältesten Tochter sehen und ein besonders intensives Verhältnis zu dieser aufbauen. Und wenn seine Mutter mittlere oder kleine Schwester war, wird er in der gleichen Weise für einen besonders engen Kontakt zu derjenigen seiner Töchter disponiert sein, die die gleiche Plazierung in der Geschwisterreihe hat. Dieser Mechanismus zeigt, daß zwar die eigene Position in der Geschwisterreihe von Bedeutung für die Persönlichkeitsentwicklung ist, daß aber die Position und die speziellen Familienverhältnisse der Eltern und Großeltern eine noch größere Bedeutung haben: Wir alle sind Produkte der in der Vergangenheit unserer Familie zurückliegenden Verhältnisse. Unsere eigene Plazierung in der Geschwisterreihe ist das kleine Einmaleins und die früherer Generationen ist das große. Um das große Einmaleins verstehen und benutzen zu können, muß man das kleine erst auswendig können.

Eltern treten oft in der Rolle von Satelliten auf, die Botschaften und Eigenschaften von einer Generation zur anderen übertragen, vornehmlich von ihrem Vater und ihrer Mutter auf einen Sohn bzw. eine Tochter und mit besonderer Stärke auf den Jungen und das Mädchen, deren Geschwisterposition der ihrer Eltern am nächsten kommt. Doch auch zwischen anderen Familienmitgliedern kann es zu Satellitenübertragungen kommen. So kann eine Frau als Satellit zwischen ihrem Bruder und ihrem Sohn wirken, wie in der Familie, in der der Bruder nach Australien emigrierte und alle sich darüber verwundert zeigten, daß zwischen dem Onkel und dem Neffen eine so verblüffende Ähnlichkeit bestehen konnte, obwohl sie in verschiedenen Erdteilen lebten und einander nie begegnet waren.

In dieser Familie hatte die Mutter immer eine starke Bindung an ihren älteren Pseudo-Zwillings-Bruder gehabt und seine Emigration als großen persönlichen Verlust erlebt. Wenngleich sie weiterhin in Kontakt mit ihm blieb, so vermißte sie ihn doch im täglichen Leben; als sie selbst einen Sohn bekam, versuchte sie unbewußt, ihren Bruder dadurch zu ersetzen, daß sie ihren Sohn zu seinem Ebenbild erzog. Als Kind war sie die Starke gewesen, und ihr Bruder hatte sich während seiner Kindheit und Jugend von ihr unterdrückt gefühlt. Er tat das für ihn Vernünftige und zog von ihr fort nach Australien, wo er übrigens eine resolute und bestimmende Frau heiratete – und damit seinerseits die starke Pseudo-Zwillings-Schwester ersetzte. Zu Hause nahm die Schwester viele Jahre danach die gleiche beschützende und dominierende Haltung ihrem Sohn gegenüber ein, wie sie sie in ihrer Kindheit und Jugend gegenüber ihrem Pseudo-Zwillings-Bruder eingenommen hatte. Sie tat dies ganz und gar unbewußt, sie konnte einfach nicht anders. Wie ein Satellit automatisch Impulse weiterleitet, so verhielt es sich auch bei ihr. Indem sie brüderliche Eigenschaften und Charakterzüge förderte, hat sie unbewußt versucht, die Persönlichkeit ihres Sohns zu formen, und dieser hat sich ihren unbewußten Erwartungen gemäß entwickelt, so daß er in Wesen und Verhalten seinem Onkel gleicht.

Die Satellitenübertragung kann auch «doppelt» funktionieren, wie zum Beispiel bei den beiden Schwestern Martha und Maria, die zwei Töchter haben, die jede in ihren Interessen, in der Art, mit anderen Menschen umzugehen, in ihren Verhaltensmustern wesentlich mehr an ihre Tante als an ihre

Mutter erinnern. «Ist das nicht merkwürdig mit Louise und Camilla?» sagt die staunende Familie. «Louise wird mehr und mehr wie ihre Tante Maria. Und Marias Camilla ähnelt ihrer Mutter überhaupt nicht, sondern eher Martha. Aber die beiden Schwestern haben ja auch immer aneinandergehangen wie die Kletten.» Das trifft den Nagel auf den Kopf. Martha und Maria, die im Abstand von drei Jahren geboren wurden, waren immer viel sich selbst überlassen. In ihrer ganzen Jugendzeit waren sie einander die engsten Freundinnen und Stützen; während ihre Spielkameraden sich bei ihren Eltern Trost und Aufmunterung holten, entdeckten sie sehr früh, daß für sie dort nicht viel zu holen war. Es ist deshalb nicht verwunderlich, daß sie, als sie selber Mütter wurden, in ihren Töchtern jeweils die Schwester sahen und statt ihrer fernen Mutter diese als Vorbild und Modell benutzten.

Martha, die ältere, war dreiundzwanzig Jahre alt, als sie Louise bekam. Im selben Alter gebar Maria drei Jahre später Camilla. Im Verhältnis der Schwestern war Martha immer die Bestimmende und Fürsorgliche. Aber diese Eigenschaften schlagen bei ihrer eigenen Tochter nicht durch. Die Erklärung ist einfach: Martha war die große Schwester und wurde von den Eltern mit den verantwortungsvollen Aufgaben betraut. Sie hatte die Verantwortung für Maria, die sich der Schwester unterordnen mußte. Maria tat das bereitwillig, sie entwickelte demzufolge weniger Verantwortungsbewußtsein, weniger Reife und Ernsthaftigkeit als Martha. Als Martha Mutter wird, ist sie immer noch die, die alles am besten weiß. Nicht allein, weil sie vor Maria Mutter wird, sondern auch, weil sie unbewußt ziemlich viel von ihrer jüngeren Schwester in ihrer Tochter sieht. Sie erzieht Louise eigentlich recht unpädagogisch, da sie ihr nicht sonderlich viel erlaubt, schon gar nicht soviel, wie ihr selbst im gleichen Alter erlaubt war. Maria dagegen war als Kind gewohnt, daß Martha die ernsteren Pflichten oblagen; also neigt sie in der Erziehung Camillas weit mehr dazu, ihr Aufgaben und

Verantwortung zu übertragen (zumal sie selber auf diese Weise den Dingen aus dem Weg gehen kann). Camilla, obwohl jünger, entwickelt deshalb größeres Selbstvertrauen und ausgeprägtere Führungseigenschaften als die Kusine mit der restriktiven und dominierenden Mutter.

Gemeinsame Interessen, die von einer Generation zur anderen weitergegeben werden, können auch als konkretes Beispiel dafür dienen, wie Satellitenübertragung in weiteren und weniger einsichtigen Zusammenhängen funktioniert. Martha hat sich zum Beispiel immer sehr für Pferde interessiert, bekam zur Konfirmation ein eigenes Pferd und ritt jeden Tag, bis das Pferd verkauft wurde, weil sie aufs Gymnasium gehen sollte. Als Marias Tochter Camilla eines Tages beiläufig bemerkt, daß sie gerne reiten lernen würde, unterstützt Maria sie sofort. Sie sucht sogleich die beste Reitschule heraus und begleitet Camilla dorthin. Als Camilla ein paar Jahre später ein Angebot bekommt, sich zur Hälfte an einem Pony zu beteiligen, erhält sie ohne weiteres die Erlaubnis dazu, und Maria bezahlt alle Kosten. «Wir können es uns zwar eigentlich nicht leisten, aber es bedeutet ihr soviel, und schließlich ist es auch eine Frage der Prioritäten», sagt sie zu Martha, die ihr voll und ganz zustimmt. Natürlich hat eine Beteiligung an einem Pony absolute Priorität. Das ist ihr völlig klar.

Hätte Camilla jedoch ebenso beiläufig gesagt, daß sie gerne segeln lernen möchte, ist es gar nicht so sicher, daß sie die gleiche spontane Zustimmung gefunden haben würde. Weder Maria noch Martha oder irgendein anderes Familienmitglied waren je gesegelt. Maria würde sich deshalb nicht gleich erkundigen, wo der nächste Segelklub liegt, sondern antworten: «Sicher ist Segeln etwas Schönes, aber ...»

Und wenn Camilla trotzdem zum Segeln käme, dann bedeutet das noch lange nicht, daß etwa eine kleine Optimisten-Jolle im Budget Platz fände. «Man muß doch Prioritäten setzen», würde Maria sagen. «Und ein Boot ist im Moment wirklich nicht das, was wir am dringendsten brauchen.» Das würde sicher auch Maria meinen. «Es ist doch nur ein totes Ding, und sie kann es kaum wirklich nutzen», würde sie sagen.

Durch ihre spontane Unterstützung und Aufmunterung hat Maria bei ihrer Tochter unbewußt das Interesse für Pferde vom Moment der ersten entsprechenden Äußerung an gefördert, weil sie darin etwas wiedererkannte, das ihrer Schwester einst große Freude bereitet hatte. Auf die gleiche Art und Weise fördert oder verdrängt sie eine Menge anderer Eigenschaften und Interessen. Das gemeinsame Pferdeinteresse von Martha und Camilla ist für jedermann erkennbar, wohingegen eine bestimmte Art und Weise, gewissen Gefühlen aus dem Weg zu gehen, nicht so ins Auge fällt, aber nach dem gleichen Prinzip übertragen wird.

Familiensatelliten sind ohne Unterbrechung in Gang: Eltern formen die Persönlichkeit, die Handlungsweise und die Reaktionsmuster ihrer Kinder die ganze Zeit unbewußt nach denen ihrer Eltern oder anderer Personen, an die sie eine enge Bindung hatten. Das gilt nicht nur für Interessen wie Pferde, Briefmarken, Musik und Literatur, sondern auch für die Art und Weise, wie die einzelnen Familienmitglieder ihre Gefühle und Bedürfnisse zeigen (dürfen).

Betrachten wir etwas genauer eine Familie mit zwei Mädchen: Ida ist die große Schwester, wie übrigens auch ihre Großmutter väterlicherseits; Pia, die jüngere, hat dagegen durch ihre Position als Spätergeborene am meisten gemeinsam mit ihrer Großmutter mütterlicherseits, die die jüngste von fünf Geschwistern war.

Idas und Pias Eltern haben also beide eine Tochter, in der sie ihre eigene Mutter sehen können, was bedeutet, daß die beiden Mädchen einen ungefähr gleich großen Anteil an Aufmerksamkeit bekommen. Wären beide Großmütter dagegen Erstgeborene gewesen, würde Pia im Verhältnis zu ihrer großen Schwester leicht ins Hintertreffen geraten. Dies ist hier nicht der Fall; doch da die Großmutter mütterlicherseits der schwache und unselbständige Typ der kleinen Schwester war und da die Mutter in Pia ihre eigene Mutter sieht, werden die Erwartungen an sie auf ein niedrigeres Niveau heruntergeschraubt als die Erwartungen an Ida. Der Vater seinerseits sieht nämlich in Ida seine tatkräftige Große-Schwester-Mutter und lebt deshalb in dem felsenfesten Glauben, daß die ältere Tochter ebensoviel leisten kann, wie seine Mutter leisten konnte. Ida wird also selbständig und tatkräftig wie ihre Großmutter väterlicherseits, wohingegen Pia ihre ganze Kindheit und Jugend hindurch zweifach beschützt wird: aufgrund der Satellitenübertragung durch die Mutter und ihrer tatsächlichen Position als kleine Schwester.

Wie die beiden Großmütter gänzlich unterschiedlichen Temperaments waren, sind auch die beiden Schwestern von ebenso gänzlich unterschiedlichem Wesen. Ida ist die Lautstärkere und Durchsetzungsfähigere, denn sie darf so sein. Ihre Großmutter war auch so, also reagiert niemand, wenn sie sich übertrieben stark aufspielt oder wild und vehement wegen dieser oder jener Bagatelle protestiert. Mit Pia ist das etwas anderes. Die Großmutter mütterlicherseits war die Bescheidenheit in Person, was von Pia natürlich auch erwartet wird. Besonders Pias Mutter hat deshalb Schwierigkeiten, zu akzeptieren, wenn Pia die ihr zugeteilte Rolle nicht einhält; die Jüngste darf demzufolge nicht annähernd soviel Lärm machen wie die Ältere, bevor sie zurechtgewiesen wird, und entwickelt ein entsprechend zurückhaltendes, ruhiges Wesen.

Ein weiteres Beispiel dafür, wie Eltern ihre eigenen Eltern unbewußt als Schablone benutzen, nach der sie ihre Kinder formen, finden wir in einer Familie, in der die Mutter in einem Elternhaus mit einem schwachen und invaliden Vater und einer Mutter, die alles allein schaffen mußte, aufgewachsen ist. Wenn sie selbst einen Jungen und ein Mädchen bekommt, wird sie größeres Vertrauen zu den Fähigkeiten und dem Können des Mädchens haben als zu denen des Sohns. In ihm sieht sie ja ihren unselbständigen Vater, der gepflegt, versorgt und beschützt werden muß. Von der Tochter erwartet sie dagegen wesentlich mehr, weil ihre eigene Entwicklung sie gelehrt hat, daß Frauen stärker sind als Männer und allein zurechtkommen. Die Tochter wird deshalb nicht annähernd so behütet wie der Sohn, sondern darf mehr Aufgaben in Angriff nehmen und sie nach ihren eigenen Vorstellungen lösen, was dazu beiträgt, daß sie einen soliden Glauben an sich selbst und ihre eigenen Fähigkeiten entwickelt.

Das Verfolgungstrauma des Enkelkinds

Satellitenübertragung kann auf mehreren Ebenen stattfinden. Nicht nur die Eigenschaften einer Person können von Generation zu Generation übertragen werden, sondern auch Probleme und Verdrängungen. Die äußere Situation der Eltern oder Großeltern kann dennoch die innere Situation der Kinder prägen und in ihrer Psyche Spuren hinterlassen.

In einem Artikel der internationalen psychologischen Fachzeitschrift *Psyche* («Bis ins dritte und vierte Glied. Das Verfolgungstrauma in der Enkelgeneration» von Rose Ahlheim; 4/1985) ist von einem siebenjährigen Mädchen die Rede, das wegen Verhaltensstörungen in Therapie geschickt wird. Das Mädchen weigert sich, sich am Schulunterricht zu beteiligen, spricht nur im Flüsterton, will nicht an die Tafel gehen, erträgt nicht, daß man es ansieht. Sie spricht überhaupt nicht mit Fremden, grüßt niemanden und bewegt sich am liebsten einer Wand entlang. Gespräche mit den Eltern ergeben, daß diese normale Durchschnittsmenschen sind und niemals ähnliche Reaktionsmuster gezeigt haben. Aber: Die jüdischen Eltern des Vaters mußten vor dem Naziregime flüchten, als er ungefähr zehn Jahre alt war. Der Vater nahm anscheinend durch die Flucht oder die unsicheren Verhältnisse, unter denen er aufwuchs, weder physischen noch psychischen Schaden. Die Mutter des Mädchens wurde unmittelbar nach dem Krieg geboren, jedoch in einem Land, in dem die Juden von den Nazis und später von dem neuen kommunistischen Regime verfolgt wurden. Ihre beiden Eltern waren interniert gewesen. In dem Artikel wird diskutiert, inwiefern die Eltern des Mädchens ihr eigenes Kind sozusagen zum Ersatz ihrer verfolgten Eltern formten, so daß sich im Kind das Bild der Großeltern herauskristallisierte.

Das Verhaltensmuster des kleinen jüdischen Mädchens scheint so eindeutig «Verfolgtsein» zu versinnbildlichen, daß es naheliegt, ihr Verhalten mit der Verfolgung zu verknüpfen, der ihre Großeltern ausgesetzt gewesen waren. Auch wenn die Satellitenübertragung von einer Generation zur anderen selten so drastische Formen annimmt, kann man doch beobachten, daß die Wurzel einer unerklärlichen Depression oder Angstneurose im Familienhintergrund der Eltern oder vielleicht sogar der Großeltern zu finden ist. Das war der Fall bei Marianne, die sich in psychiatrische Behandlung begab, weil sie unter akuten Angstanfällen litt.

Die Tochter trägt das Schicksal der Mutter

Marianne ist zum fraglichen Zeitpunkt einundvierzig Jahre alt, Berufsschullehrerin, glücklich verheiratet und materiell gut gestellt. Sie ist in guter physischer Verfassung, spielt Badminton und schwimmt, hat aber zu ihrer eigenen wie auch zur Überraschung ihres Mannes begonnen, unter Depressionen und plötzlichen, unkontrollierbaren Angstanfällen zu leiden.

Ihr Mann ist Ingenieur, sie selbst hat eine gute Halbtagsstelle an einer technischen Schule. Sie haben zwei Wunschkinder, einen Jungen von zehn und ein Mädchen von sieben. Marianne ist der Meinung, daß sie ein viel besseres Leben führt, als sie in jungen Jahren zu hoffen wagte. Schon als Kind war sie eine pessimistische und nervöse Person, die unbewußt immer das Schlimmste erwartete. Doch sie hat nie zuvor unter Depressionen oder ausgesprochenen Angstanfällen gelitten. Sie geht zu ihrem Hausarzt, der ihr rät, einen Psychiater aufzusuchen.

Die vier ersten Besuche beim Psychiater bleiben ergebnislos. Es gelingt nicht, einen Zugang zum Ursprung der Angstanfälle freizulegen, und Marianne möchte am liebsten aufgeben. Bei der fünften Konsultation hat sie ohne vorherige Absprache ihre Mutter zur Unterstützung mitgebracht, eine große, robuste Frau, die selber noch nie aus dem psychischen Gleichgewicht geraten ist. «Ich bin vollkommen anders als meine Tochter», sagt sie. «Sie hat seit ihrer frühen Kindheit alle Sorgen und Kümmernisse der Welt mit sich herumgetragen. Ich habe das nie verstanden, denn sie war ein echtes Wunschkind und ist immer von Liebe und Geborgenheit umgeben gewesen.»

«Das stimmt», bestätigt Marianne. «Ich kann mich an überhaupt nichts Negatives erinnern. Ich habe keine traumatischen Erlebnisse gehabt, ich bin immer geliebt worden, und es ist mir sowohl in der Familie als auch unter Kameraden und später unter Kollegen immer gutgegangen.»

Dagegen hat Mariannes Mutter eine alles andere als glückliche Kindheit gehabt. Sie wurde unehelich geboren, und ihre Mutter galt in der kleinen Gemeinde, in der sie lebten, als Ausgestoßene. Schließlich mußten sie in eine größere Stadt ziehen, wo Mariannes Mutter sehr einsam und in großer Armut aufwuchs.

Diese Informationen eröffnen einen neuen Zugang zu Mariannes Problem. Die harte Kindheit der Mutter hat anscheinend Marianne weit stärker beeinflußt als die Mutter selbst. Vielleicht spiegelt das Schicksal der Großmutter sich in Mariannes depressiver Psyche wider, weil ihre Mutter in der Tochter unbewußt ihre eigene Mutter gesehen hat. Vermutlich hat sie ihrer Tochter die Liebe und Fürsorge abverlangt, die ihre eigene Mutter ihr nicht geben konnte. Und weil sie selbst nicht genug Liebe und Selbstvertrauen bekommen hat, hat sie ihrer eigenen Tochter kein Selbstvertrauen und keine Liebe weitergeben können. Mariannes

Mutter hat das Unglück ihrer Mutter auf ihre Tochter übertragen, die auf diese Weise den Schatten des schweren Schicksals ihrer Großmutter «geerbt» hat.

Es war wichtig, den unglücklichen Lebenshintergrund der Großmutter aufzurollen, weil er Marianne, ihrem Mann und ihrer Mutter die Voraussetzung verschaffte, die plötzlichen Angstzustände und unerklärlichen Depressionen zu verstehen, die jedoch angesichts des schweren Gepäcks früherer Generationen durchaus erklärlich sind.

Da Marianne in den meisten anderen Bereichen ihres Lebens überschüssige Kräfte hat, verfügt sie über gute Aussichten, ihre Depressionen und Angstzustände nicht nur zu verstehen, sondern auch zu bekämpfen. Natürlich lösen sie sich nicht auf wie Schnee an der Sonne, aber sie nehmen allmählich ab, werden seltener und weniger überwältigend und erschreckend. Da sie sowohl bei ihrem Mann wie bei ihrer Mutter großen Rückhalt findet, wird sie ziemlich rasch in der Lage sein, die psychiatrische Behandlung abzuschließen und zu lernen, gegen akute Depressionen und Angstanfälle anzugehen.

8 Der innere Film

Die Erklärung für plötzlich auftauchende psychische Probleme wie Depressionen, Angstzustände oder auch nur einen plötzlichen starken Wunsch nach Veränderung kann unter anderem in zeit- und situationsbedingten Wiederholungen innerhalb der Familie zu finden sein.

Wir alle haben Perioden in unserem Leben, während derer wir besonders verletzlich und leicht aus dem Gleichgewicht zu bringen sind. Ein Mann, der mit zehn Jahren seine Mutter verloren hat, wird beispielsweise häufig dafür disponiert sein, in die eine oder andere Form von Krise zu geraten, wenn seine eigenen Kinder, besonders das jüngste, zehn Jahre alt werden. Ein anderer Zeitpunkt, zu dem oft Frauen besonders sensibel reagieren, ist das Alter, in dem ihre Mutter sie zur Welt brachte; analog, jedoch in geringerem Grad reagieren Männer, wenn sie in das Alter kommen, in dem ihr Vater war, als sie geboren wurden. Ähnliches kann eintreten, wenn wir selbst das Alter erreichen, in dem unser Vater oder unsere Mutter starben. Solche zeit- und situationsbedingten Wiederholungen sind wie ein innerer Film, der sich nach Ingangsetzen eines bestimmten Auslösers abspult.

Der innere Film besteht aus allem, was wir erleben und fühlen und von unserer frühesten Kindheit an in uns aufnehmen. Meistens sind wir imstande, die Ereignisse, denen wir ausgesetzt sind, zu verarbeiten, das heißt, der Film wird aufgenommen und kann später ohne Knacks und innere Wunden abgespielt werden. Doch dann und wann geraten wir unter extreme Einflüsse und in Krisen, die tiefe Spuren auf dem Film, in unserer Psyche, hinterlassen, weil wir die Ereignisse nie verarbeiten konnten. Wir laufen Gefahr, sie wieder zu durchleben, wenn wir aus dem Gleichgewicht oder in eine bestimmte Stimmung gebracht werden.

Lars zum Beispiel war fünfunddreißig, als er in eine depressive Phase kam, wo scheinbar alles sich gegen ihn richtete. Seine Frau und seine Freunde hatten Schwierigkeiten, all die Probleme zu sehen, auf die er plötzlich seine Aufmerksamkeit zu richten begann, doch das machte sie in seinen Augen keineswegs geringer. Er hatte seine Ehe früher stets als gut und zufriedenstellend betrachtet, aber nun war sie plötzlich nicht mehr zu ertragen. Er wollte fort, sich scheiden lassen und ein neues Leben anfangen.

Lars und seine Frau Annette hatten zwei Kinder, die zu diesem Zeitpunkt zehn und sieben Jahre alt waren. Und genau das Alter der Kinder war der Schlüssel zu Lars' Unzufriedenheit. Er war nämlich selbst sieben Jahre alt, als er seinen Vater durch einen Arbeitsunfall verlor, und wuchs danach allein mit seiner Mutter und seiner großen Schwester auf. Eine mögliche Erklärung für die Unzufriedenheit, die er plötzlich als Fünfunddreißigjähriger erlebte, ist der Umstand, daß er parallel mit dem Alter seiner Kinder unbewußt den inneren Film seines Lebens ablaufen ließ. Als sein Jüngstes in das gleiche Alter kam, in dem er seine erste ernste und nie verarbeitete Krise erlebte, riß sozusagen der Film und blieb stehen. Ohne es zu wollen, war Lars unbewußt dabei, für seine Kinder eine ähnliche Situation wiederzuerschaffen, in der er selbst in ihrem Alter war.

Oft sind sich die Eltern des Zusammenhangs zwischen dem Alter der Kinder und dem Zeitpunkt, zu dem sie ihre erste, große Trauer erlebten, nicht bewußt. Sie denken auch nicht daran, daß ein Zusammenhang bestehen könnte zwischen dem Alter des Kindes und der Tatsache, daß sie vielleicht zum ersten Mal in ihrem Leben plötzlich in psychische Turbulenzen geraten, sei es in Form von unerklärlichen

Depressionen und Angstanfällen, sei es, in milderer Form, von heftiger Unruhe und Unzufriedenheit, wie sie sie noch nie zuvor erlebt haben.

Bitte anschnallen

Der innere Film läuft oft mit einem unerklärlichen, beinah astrologischen Wiederholungszwang ab. Er setzt sich, wie erwähnt, in Gang, wenn wir in die Nähe des Gefühls oder des Ereignisses kommen, das in der Kindheit tiefe Spuren hinterließ. Aber der innere Film spult sich nicht einfach in unabänderlicher Weise ab. Er kann sowohl retouchiert als auch geflickt werden, da er ja aus Gefühlen besteht, die nicht ausgelebt wurden und nun wie unbearbeitete Felder daliegen. Man kann sich also dagegen wappnen. Man kann sich sagen: «Schnall dich an – nun mußt du aktiv werden, damit du nicht die Kontrolle verlierst. Hier ist etwas, womit du nie fertig geworden bist.» Man kann nicht alles in seinem Leben lenken, kann nicht alles ständig unter voller Kontrolle haben, aber es kann eine Hilfe sein, sich eine Strategie zurechtzulegen. Und je mehr Details wir von unserem Hintergrund kennen, um so wirksamer wird die Strategie.

Wenn beispielsweise Lars seine verdrängte Trauer um den frühen Verlust des Vaters erfolgreich verarbeitet, so regeneriert sich gleichzeitig der Teil seines inneren Films, der bewirkt, daß er die Krise in der Beziehung zu seinem eigenen Kind wiederholt. Wenn er den Reaktionen zuvorkommen kann oder sich bewußt macht, warum er auf eine bestimmte Weise reagiert, und wenn er die Möglichkeit erhält, den Schmerz zu verarbeiten, dann heilt der Riß im Film. Aber das erfordert, daß er all die Gefühle abreagiert, die in den letzten Jahren latent gewesen sind und sozusagen auf der Lauer gelegen haben, ohne ausreichend durchlebt worden zu sein. Wenn dies geschehen ist, besteht eine gute Chance, daß er und seine Familie die Klippen umschiffen können, die vor ihnen auftauchen.

Der innere Film spielt am intensivsten in Verbindung mit

dem Kind, mit dem man am engsten verbunden ist und mit dem man sich deshalb am stärksten identifiziert, oder mit dem jüngsten Kind; vermutlich weil das jüngste Kind die letzte Möglichkeit darstellt, das traumatische Erlebnis ausleben zu können. Wenn man drei Kinder hat und den Film dreimal hat ablaufen lassen, wird man wahrscheinlich erst beim dritten Abspielen einen inneren Druck verspüren, daß etwas realisiert werden soll. Da ist etwas, das ans Licht drängt. Es wirkt so stark, daß man nicht anders kann, als dem Kind eine Nachbildung dessen vorzuspielen, was man erlebt hat, und ihm auf diese Weise etwas von der ehemaligen Stimmung und Kindheitssituation weiterzugeben.

Nicht selten verlängert ein Paar unbewußt die Frist und schiebt die Krise auf, indem es noch ein Kind bekommt. Andere wehren den Sturm ab, indem sie umziehen, die Arbeit wechseln oder auf andere Art einen Wechsel herbeiführen, der den vielleicht durch viele Jahre hindurch etablierten und vertrauten Rahmen ihres Lebens verändert. Sie sind scheinbar stets zufrieden gewesen mit ihrer Arbeit und ihrem Haus. Aber nun soll also plötzlich etwas geschehen.

Das Unterbewußtsein belichtet den Film

In Lars' Fall waren die Mechanismen des inneren Films leicht zu erkennen und leicht zu verstehen. Wenn man weiß, daß er den frühen Verlust des Vaters nie verarbeitet hat, ist es nicht verwunderlich, daß er die verdrängte Trauer und die Krise wiedererlebt, indem er sich mit seinem eigenen Kind und dessen Alters- und Entwicklungsstufe zum betreffenden Zeitpunkt identifiziert. Sein Unterbewußtsein belichtet seinen Kindheitsfilm, so daß er entwickelt und mit der Entwicklung des jüngsten Kindes parallel laufend gezeigt wird.

In vielen Fällen ist die Handlung des inneren Films weitaus komplexer und unzugänglicher. Vielleicht spielt er sogar unabhängig vom Wissen und von der Erinnerung der Hauptperson. Das war der Fall bei Jan, einem Architekten, Vater von drei Kindern und langjähriger psychiatrischer Patient. Höflich und geduldig wie er war, hörte er sich die Theorie über den inneren Film an, gab aber gleichzeitig zu verstehen, daß sie auf ihn jedenfalls nicht paßte. Und er schien recht zu haben, obwohl sein Verhaltensmuster wohlbekannt und sogar sehr ausgeprägt war. Jedesmal, wenn eines seiner Kinder sich dem Alter von vier Jahren näherte, war er in eine Depression verfallen, am schwersten beim Letztgeborenen, als die Depression wesentlich ernsterer Natur war als die beiden ersten. Aber selbst hatte er in diesem Alter keine Krise erlebt. Seine erste Krise machte er erst ein paar Jahre später durch, als die Eltern geschieden wurden und der Vater den Kontakt mit dem Sohn abbrach. «Aber das war erst, nachdem ich sechs geworden war. Ich kann mich nämlich genau erinnern, daß er an meinem sechsten Geburtstag da war, denn er hatte ein tolles Geschenk für mich, einen Zug, den ich noch immer habe», erzählte Jan.

Er meinte im übrigen nicht, daß die Scheidung der Eltern eine Krise für ihn mit sich gebracht habe. «Es wurde eher später zu einem wirklichen Verlust, als ich älter wurde und einen Mann gebraucht hätte, um mich mit ihm zu identifizieren.»

Mehrere Jahre nach Ende der Behandlung erkannte Jan, daß die Theorie des inneren Films doch auch auf ihn zutraf. Er war zufällig mit seiner Mutter auf die Trennung der Eltern und in Verbindung damit auf seinen vierten Geburtstag zu sprechen gekommen. «Den Tag vergesse ich nie», hatte seine Mutter gesagt. «Dein Vater war gerade ausgezogen, und ich war am Boden zerstört. Es hört sich vielleicht wie eine Bagatelle an, aber es war wirklich eine Kraftanstrengung, deinen Geburtstag zu feiern. Aber ich konnte ja einen so kleinen Knirps nicht enttäuschen, der gerade entdeckt hatte, was es heißt, Geburtstag zu haben, und der alle seine Spielkameraden eingeladen hatte.»

Der sechste Geburtstag, der in seiner Erinnerung zeitlebens in einem ganz speziellen Licht erschienen war, war allerdings wirklich speziell. Sein Vater war nämlich zum ersten und letzten Mal nach der Scheidung der Eltern unangemeldet zu einem kurzen Besuch gekommen.

Mutter und Tochter verlieben sich

Die zeit- und situationsbedingte Wiederholung zeigt sich nicht nur darin, daß Eltern unbewußt eine Situation für ihre Kinder wiedererschaffen, die sie selbst erlebt haben. Das Alter der Kinder kann auch als auslösender Faktor wirken, so daß sie wirklich etwas wiedererleben, das ihnen widerfuhr, als sie im Alter ihrer Kinder waren.

Eine Frau, die ihre erste ernste Verliebtheit erlebte, als sie siebzehn war, kann sich zum Beispiel stürmisch verlieben, wenn ihre Tochter im gleichen Alter ihre erste ernste Verliebtheit erlebt. Wenn die Mutter sich verliebt, ist dies jedoch nicht Ausdruck einer Konkurrenz mit der Tochter, um herauszufinden, ob sie in den Augen der Männer noch attraktiv ist – oft weiß die Tochter gar nichts von der Verliebtheit der Mutter. Aber es ist vermutlich dennoch die Tochter, die mit ihrem Alter und ihrer Verliebtheit bestimmte Gefühle in der Mutter wachruft, Gefühle, die sie für eine ernste Verliebtheit empfänglich machen können, wie sie sie vielleicht viele Jahre lang nicht erlebt hat. So ging es einer Deutschen, die mit einem Dänen verheiratet war und in Dänemark lebte. Nach fast fünfundzwanzigjähriger Ehe verließ sie plötzlich ihren Mann und ging zurück nach Deutschland. Er war todunglücklich, begriff nichts von dem, was passiert war, und suchte beim Psychiater Hilfe, um seine Krise bewältigen zu können.

Es zeigte sich, daß die Deutsche als Neunzehnjährige sehr in einen Mann verliebt gewesen war, der ihre Gefühle nicht erwidert hatte. Ihre Tochter war nun neunzehn geworden und erlebte ihre erste leidenschaftliche Verliebtheit. Das berührte die Mutter tief; sie fühlte vielleicht unbewußt, daß dies der letzte Aufruf war, die letzte Chance, um das seinerzeit nicht Gelungene zu vollenden, und war deshalb offen für die große Liebe, als sie einem Landsmann begegnete, der sie an ihre Jugendliebe erinnerte.

Todesangst des Vaters übernommen

Zeit- und situationsbedingte Wiederholungen können auch zwischen verstorbenen Eltern und ihren erwachsenen Kindern auftreten. Es ist nicht ungewöhnlich, daß Menschen, deren Eltern früh starben, unter Angstanfällen und Zwangsvorstellungen leiden, wenn sie in das Alter kommen, in dem die Eltern unheilbar krank wurden und starben. Dies kann auch auftreten bei Menschen, die vorher nicht unter Angst vor Krankheit oder Tod gelitten haben und die glauben, daß sie solchen Ängsten nicht unterliegen.

Eine neununddreißigjährige Frau kam zur Gesprächstherapie, weil sie angefangen hatte, jede Nacht den gleichen Alptraum zu träumen. Die Frau hatte viele nahe Verwandte verloren, die in jungen Jahren an Krebs gestorben waren – ihre Großmutter mit achtundzwanzig, ihr Bruder mit vierzig und ihr Vater mit neununddreißig Jahren. Der Vater hatte schon jahrelang vor seinem Tod große Angst gehabt, gerade an Krebs zu sterben, und verschied schließlich nach langer und qualvoller Krankheit. Die Frau dagegen hatte nie eine ähnliche Todesangst gekannt. Sie war bei guter Gesundheit und fest davon überzeugt, daß man weitgehend selbst Herr darüber ist, wie gut man sich fühlt. «Es kommt darauf an, wie man lebt. Das psychische Wohlbefinden bedeutet unglaublich viel», sagte sie. Von ihrem neununddreißigsten Jahr an – dem Alter des Vaters bei seinem Tod – begann sie indessen, nachts von der Krankheit zu träumen. Jede Nacht sah sie sich selbst abgemagert und geschwächt. Doch zugleich war sie die ganze Zeit überzeugt, daß der Traum nicht Ausdruck ihrer Angst vor Krankheit sei, sondern eher, daß sie irgendwelche Dinge stellvertretend für ihren Vater durchlebte, zu dem sie ein sehr enges Verhältnis gehabt hatte. Sie fühlte sich vom Schicksal aufgrund ihres Alters eingeholt und vermutete, daß sie deshalb in der einen oder anderen Weise den Geschehensverlauf wiederholte, den ihr Vater durchgemacht hatte. Die Alpträume der Frau gingen einige Monate weiter, hörten danach aber auf, und sie konnte zu ihrem früheren, harmonischen und optimistischen Leben zurückkehren, nun überzeugt davon, daß sie das Schicksal ihres Vaters nicht teilen würde.

9 Der weibliche Brennpunkt

Sie ist alleinstehend und stark, unbekümmert und frei. Sie ist siebenundzwanzig Jahre alt, hat eine gute Ausbildung und einen spannenden Beruf und fühlt sich wohl in der großstädtischen Single-Kultur. Sie genießt das Leben allein, ohne Gebundenheit und Bindungen – und bekommt plötzlich den starken Wunsch nach einem Kind. Es ist das erste Mal, daß sie den Gedanken hat.

Der Wunsch, Mutter zu werden, meldet sich im gleichen Alter, in dem ihre eigene Mutter sie bekam. Sie hat einen Wendepunkt erreicht, den wir den «weiblichen Brennpunkt» nennen wollen. Es handelt sich um eine besondere Form der Übertragung und einen Wiederholungsdrang, wie man ihn häufig bei Frauen findet, wenn sie das Alter erreichen, in dem ihre Mutter sie zur Welt brachte.

Der Wunsch nach einem Mann, einem Kind und einem warmen Nest ist eines der typischen Symptome dafür, daß eine Frau ihren Brennpunkt erreicht hat. Andere Symptome sind heftiger Aktivitätsdrang, Schaffenslust oder der Wunsch nach Veränderung. Wenn der Wiederholungsdrang nicht durch das gewünschte Kind eingelöst wird oder sie nicht den Mann findet, den sie so verzweifelt sucht, wird der Wunsch oft in andere Kanäle geleitet. Sie hat schon immer eine Weltreise machen wollen, aber bisher weder Zeit noch Geld gehabt. Jetzt hat sie plötzlich beides, weil sie neue, kreative Gedanken entwickelt. Vielleicht wechselt sie die Wohnung – oder den Partner. Vielleicht wagt sie, eine Arbeit anzunehmen, die sie stärker fordert als die frühere, vielleicht engagiert sie sich politisch oder sozial. Die Möglichkeiten sind zahlreich.

Wenn keiner der Wünsche sich verwirklichen läßt, besteht ein erhöhtes Risiko, daß eine solche Frau plötzlich in der Sprechstunde des Psychiaters sitzt, weil sie sich zum ersten Mal in ihrem Leben in einem nervösen, krankheitsähnlichen Zustand befindet, der oft auf die Zeit ihres Brennpunkts zurückgeführt werden kann. Vielleicht ist es der zentrale Punkt, vielleicht aber liegt auch eine unbearbeitete Trauer oder Enttäuschung vor, die die eigentliche Ursache für die Depressionen oder unerklärlichen Schwindelanfälle und Angstzustände ist.

Bei der Behandlung dieser plötzlich auftauchenden Depression oder Angstzustände fällt auf, daß den Betroffenen selbst das zeitliche Zusammentreffen nie bewußt ist. Sie vermögen vielleicht nicht einmal genau anzugeben, wie alt ihre Mutter bei ihrer Geburt war. Daß es sich nicht um Suggestion oder eine direkte Beeinflussung durch die Mutter handelt, kann man daran erkennen, daß das Phänomen häufig auch bei Frauen sehr klar ausgeprägt ist, die adoptiert wurden und zum fraglichen Zeitpunkt gar nicht wußten, daß sie das Alter erreicht hatten, in dem ihre leibliche Mutter bei ihrer Geburt war.

Dies war der Fall bei einer Frau, die sich schon als Siebzehnjährige heftig in einen jungen Mann von zwanzig verliebte, von dem sie sich brennend ein Kind wünschte. Sie wollten so schnell wie möglich heiraten. Ihre Eltern waren gegen den Plan, und das junge Paar mußte sich eine Ausnahmebewilligung beschaffen, um getraut werden zu können, denn die Frau war ja noch zu jung, um ohne besondere Erlaubnis heiraten zu können. Um die Ausnahmebewilligung zu bekommen, mußten die Taufscheine ihrer Eltern vorgelegt werden, und dabei entdeckte sie, daß zwar ihr Vater ihr richtiger Vater, die auf dem Taufschein genannte Mutter aber nicht die Frau war, die sie immer für ihre Mutter gehalten hatte. Erst da erzählte der Vater ihr, daß er und ihre leibliche Mutter auch mit einer Ausnahmebewilligung geheiratet hatten. Ihre leibliche Mutter war erst siebzehneinhalb Jahre alt gewesen, als sie heirateten, und achtzehneinviertel, als die Tochter geboren wurde. Die übereilte Ehe hielt nur ungefähr ein Jahr, wonach die Tochter vorübergehend zu einer anderen Familie in Pflege gegeben wurde, bis der Vater wieder heiratete. Nach der Hochzeit kam die Tochter zu ihm und seiner neuen Frau, die sie also fortan als ihre eigene Mutter betrachtete.

Ein anderer Fall aus Oluf Martensen-Larsens Praxis zeigt, daß der Brennpunkt während des gesamten Altersspektrums auftreten kann. Ein Ehepaar, das sich in einer ernsten Ehekrise befand, hatte ihn zur Beratung aufgesucht. Er war fünfundvierzig, sie neununddreißig Jahre alt. Der Mann litt an einer leichten Depression. Das häusliche Leben hatte seinen Reiz verloren. Das Paar war seit fünfzehn Jahren verheiratet und hatte keine Kinder. Die Frau hatte sich nie Kinder gewünscht.

Um aus der ehelichen Flaute herauszukommen, machten beide eine Gesprächs- und Gruppentherapie, aber es tat sich nichts Nennenswertes. Eines Tages kam der Mann plötzlich und sagte: «Ich weiß nicht, was in meine Frau gefahren ist, aber sie ist wie eine Henne. Jetzt will sie Kinder haben. Das hat sie früher doch nie interessiert.»

Der Wunsch der Frau paßt freilich genau zur Vorstellung vom Brennpunkt. Ein Blick in ihr Familienschema, wo sorgfältig die Geschwisterreihen der Patientin und ihrer Eltern mit Geburtsdaten, Beruf und Todesdaten aufgeführt waren, zeigte, daß ihre Mutter knapp über vierzig war, als sie ihr erstes und einziges Kind bekam. Die Tochter hatte also nun das gleiche Alter erreicht. Daß der Mann sie nicht gedrängt, sondern ohne weiteres die Kinderlosigkeit akzeptiert hat, obwohl sie seine Depression vermutlich mitverursachte, ließ sich unter anderem damit erklären, daß auch sein Familienhintergrund Spätgeborene aufwies, so daß auch er dahingehend programmiert war, in späten Jahren Vater zu werden.

Der weibliche Brennpunkt läßt sich als innere Uhr begreifen, als «angeborenen» Wiederholungsdrang oder Rhythmus, der von der Mutter induziert ist und viel tiefer geht als das Sichmessen mit den Eltern und dem, was sie zum gleichen Zeitpunkt in ihrem Leben geleistet haben.

10 Wenn der Vater richtig Vater wird

Obgleich der Brennpunkt sich am stärksten und markantesten bei Frauen zeigt, kann man durchaus auch bei Männern auf einen ähnlichen Wiederholungsdrang stoßen. Ein Mann, dessen Mutter siebzehn war, als sie ihn bekam, kann sich sein Leben lang von Siebzehnjährigen unwiderstehlich angezogen fühlen. Das hört sich zwar sehr einfach an, ist aber in Wirklichkeit häufig peinlich für ihn, da junge Frauen und die Umgebung dazu tendieren, seinen Hang zu Siebzehnjährigen nicht nur komisch, sondern vielleicht auch abstoßend zu finden.

Umgekehrt gibt es Beispiele dafür, daß Frauen besonders auf Männer ansprechen, die in etwa das gleiche Alter haben, das ihr Vater bei ihrer Geburt hatte. War der Vater beispielsweise sechsunddreißig Jahre alt, so kann sein Alter das Männerideal der Tochter beeinflussen, so daß sie unbewußt den Mann von Mitte Dreißig wesentlich interessanter und anziehender findet als den zehn Jahre jüngeren, der wie sie selbst fünfundzwanzig ist.

Während für Frauen die Zeit des Brennpunkts meist eine Wende bedeutet, kam dieses Phänomen nicht ohne weiteres auf Männer übertragen werden. Ein Sohn hat ja auch selten einen so engen Kontakt zum Vater gehabt wie eine Tochter zur Mutter. Nicht selten wird der Mann, was die Beziehung zu seinen eigenen Kindern betrifft, dennoch vom Alter seines Vaters geprägt sein, und zwar so, daß er mit dem Erreichen seines Brennpunkts ein verantwortungsvollerer und interessierterer Vater wird als vorher. Es ist, als wache er auf und habe plötzlich den Ehrgeiz, nun wirklich VATER zu sein, obwohl er in Wirklichkeit schon vor vielen Jahren Vater geworden ist. Wenn sein eigener Vater achtunddreißig Jahre alt war, als er geboren wurde, hat er nie einen jüngeren Vater erlebt als einen von achtunddreißig Jahren und konnte deshalb seine innere Vaterrolle vorher nicht überzeugend spielen. Auch wenn es ihm gelingt, mit seiner Rolle ins Gleichgewicht zu kommen, ist es schade um die Kinder, falls er sie mit zweiundzwanzig bekommen hat, als er für die großen Familiengefühle noch nicht reif war.

Ein Mann, dessen Vater etwas länger brauchte, um aus den Startlöchern zu kommen, muß nicht notwendigerweise selbst ein Spätzünder sein und darauf warten, erwachsen und sensibel genug zu werden, um selbst eine Familie zu gründen. Niemand lebt ein Leben, das eine exakte Kopie des Lebens früherer Generationen ist, aber wir sind auch keineswegs so losgelöst, unabhängig und selbstbestimmt, wie viele glauben.

11 Partnerwahl

Der Kompaß der Partnerwahl zeigt oft eine oder mehrere Generationen zurück. Wir suchen nämlich nicht nur einen Menschen, mit dem wir gern zusammenleben möchten, wir suchen auch Ersatz für die Menschen, die die Familie und wir selbst verloren haben, so daß die toten und abgebrochenen Zweige am Familienbaum wieder neues Grün ansetzen können.

Wenn wir eine Ergänzung des Familienbaums vornehmen, geschieht dies meist ganz unbewußt, und die vielen Verzweigungen des Baums nehmen erst ein festes und deutliches Muster an, wenn man das Familienschema ein paar Generationen zurückverfolgt. Es kann sich um augenfällige Ähnlichkeiten handeln, wie zum Beispiel die Wahl der Berufsgruppe, aber auch um Ähnlichkeiten im Charakter, häufig beides zugleich. Dies war der Fall bei einer Frau in mittleren Jahren, die zum Psychiater kam, um Hilfe bei der Trauerarbeit nach dem Verlust ihres zweiten Mannes zu erhalten. Beide Männer waren Kapitän gewesen, und beide waren auf See umgekommen. Eine detaillierte Betrachtung ihres Familienhintergrunds ergab, daß ihr Großvater väterlicherseits Fischer gewesen und auf See verschollen blieb, als ihre Mutter nur zwei Jahre alt war. Sie hatte ihn also nie gesehen, nie an sein Schicksal gedacht, aber trotzdem hatte sie unbewußt versucht, ihn durch die Wahl ihrer Männer in die Familie zurückzuholen. Sie hatte mit anderen Worten ihrer Mutter einen Ersatz für den verlorenen Vater beschafft. Ältere Familienmitglieder konnten später aufgrund dessen, was sie gehört hatten und an was sie sich erinnern konnten, erzählen, daß es zwischen ihrem Großvater und ihren beiden Männern viele andere Ähnlichkeiten gab.

Studiert man ein Familienschema näher und achtet genauer darauf, welche Partner die einzelnen Mitglieder gewählt haben, stellt man oft fest, daß Geschwister unbewußt die Bereiche untereinander aufgeteilt haben. Zwei Brüder heiraten selten den gleichen Frauentyp, sondern wählen gern unterschiedliche Typen – vielleicht einen für jede Großmutter, so daß jeder von ihnen einen Zweig an den Familienbaum zurückbringt. Auf diese Weise kann man entlang den Hauptzweigen des Familienbaums verfolgen, wie Charakterzüge, Eigenschaften, Interessen und häufig auch Berufe von Generation zu Generation weitergegeben werden, selbstverständlich Seite an Seite mit Tugenden und Fehlern.

Mutter bekommt Vater zurück

Eine Frau, die durch die Wahl ihres Partners ihren Großvater mütterlicherseits in die Familie zurückholt, muß diesen nicht selbst gekannt haben. Ihre Mutter hat ihn ja gekannt – und sie wird mehr oder weniger unbewußt dafür sorgen, daß sein Bild lebendig bleibt. Auch in diesem Punkt lehren Mütter ihre Kinder, was sie wählen sollen.

Dieselbe Tochter kann übrigens im Verlauf ihres Lebens durchaus mehrere Mitglieder an den Familienbaum zurückholen. Wenn sie zum Beispiel mehr als einmal heiratet, erinnert der erste Mann vielleicht an den Großvater mütterlicherseits und der zweite an den Großvater väterlicherseits. Mit ihrer ersten Wahl bringt sie den Mann zurück, den die Mutter verloren hat, mit ihrer zweiten den, den der Vater verlor.

Charakteristisch ist auch, daß Menschen oft einen Partner mit der gleichen Plazierung in der Geschwisterreihe wählen, wie sie die Großeltern hatten. Wenn Mutters Mutter eine große Schwester war, wird der jüngste Sohn der Familie dazu neigen, eine große Schwester zu wählen, während der älteste Sohn der Familie vielleicht eine kleine Schwester wählt, wie Vaters Mutter eine war.

Meistens sind es die Großeltern, die an den Familienbaum zurückgeholt werden, aber es können auch die Eltern sein. «Ein Mann heiratet immer eine Frau, die an seine Mutter erinnert», hört man oft sagen. Zweifellos tun das viele. Aber es geschieht meist erst nach dem Tod der Mutter. Solange sie lebt, gibt es nämlich keinen Grund, einen Ersatz für sie zu suchen. Nach ihrem Tod wird indessen ein Vakuum entstehen, so daß es nötig wird, jemanden zu suchen, der die gleichen Eigenschaften und die gleiche Lebenseinstellung hat.

Wenn es nicht gelingt, einen Ersatz für die verlorene Mutter zu finden, wird der Sohn vielleicht eine psychische Veränderung durchmachen, und auf manchen Gebieten wird er selbst einspringen und einen Teil der Aktivitäten der Verstorbenen aufgreifen und weiterführen. Hat die Mutter sich beispielsweise für Familienforschung interessiert, kann der Sohn, der dieses Interesse nie geteilt hat, es trotzdem plötzlich aufgreifen. Hat die Mutter Tagebuch geführt, beispielsweise über die Gedenktage der Familie, oder hat sie Erzählungen verfaßt, so kann eins der Kinder nach ihrem Tod ein bis dahin nicht gekanntes Bedürfnis verspüren, zu schreiben.

Der Scheich aus dem Mittleren Osten

Menschen, die einen Partner mit einer anderen Nationalität wählen, folgen häufig einem von zwei Modellen: Sie bringen entweder eine Nationalität in die Familie zurück, die es früher bereits einmal dort gab. Wenn zum Beispiel Mutters Großvater mütterlicherseits Schwede war, können Nachkommen sich für Schweden interessieren. Oder aber die Wahl kann als Protest angesehen werden, als Ausdruck einer unbewußten Angst, sich an Partner der gleichen Nationalität und mit dem gleichen kulturellen Hintergrund zu binden wie die Eltern, zu denen man kein Vertrauen hat. Ein dänischer Mann kann eine Frau aus Fernost mit all den Eigenschaften ausstatten, die er sich erträumt – selbst wenn natürlich keine Garantie besteht, daß sie in der Realität auch vorhanden sind. Ebenso kann ein dänisches Mädchen all seine Träume und Ideale auf einen Scheich aus dem Mittleren Osten projizieren, dessen Hintergrund ganz und gar verschieden ist von ihrem eigenen, problemerfüllten Hintergrund.

Wer paßt am besten zu mir?

Wiewohl der Kompaß, nach dem sich die Wahl des Partners richtet, oft eine oder zwei Generationen zurückzeigt, ist es keine schlechte Idee, die eigene Geschwisterposition und den eigenen Familienhintergrund sowie den des Partners etwas eingehender zu betrachten. Nicht notwendigerweise, um auszusortieren und zu sagen: «Du meine Güte, sie ist eine große Schwester! Das geht nie gut. Bloß weg davon!» Dagegen sehr wohl, um ein Instrument zum Verständnis der Dynamik und Entwicklung der Beziehung zu gewinnen und Konflikten vorzubeugen.

Der deutsche Psychologe Walter Toman hat sich wie kaum ein anderer Forscher mit diesem Thema beschäftigt. In seinem Buch «Familienkonstellationen» (München 1987[4]), einer Studie über mehr als dreitausend Familien, legt er dar, welches unter dem Gesichtspunkt der Geschwisterposition die besten Ehekombinationen sind.

«Es geht darum, Geschlechter- und Rangkonflikte zu vermeiden», schreibt Toman. Rangkonflikte sind in der Regel ein zuverlässiger, wenn auch unerwünschter Lebensbegleiter eines Paares von Erstgeborenen oder von Jüngsten einer Geschwisterreihe. Ein großer Bruder und eine große Schwester sind gewohnt, Entscheidungen zu treffen. Und das wollen sie auch weiterhin. Da die beiden sehr dominierend sind und eine ungewöhnlich feste Meinung darüber haben, wie die Dinge zu tun sind, ist hier fruchtbarer Boden für Unfrieden und Streit.

Während der typische Grundkonflikt zwischen zwei Erstgeborenen darauf beruht, daß beide ans Steuer wollen, haben der kleine Bruder und die kleine Schwester das genau entgegengesetzte Problem. Sie sind beide gewohnt, daß ihnen Eltern oder ältere Geschwister beistehen, und erwarten unbewußt, daß andere aktiv werden. Sie selbst verhalten sich am liebsten abwartend. Und beide fühlen sich enttäuscht und im Stich gelassen, wenn der Partner sich genauso abwartend verhält und genauso unentschlosen ist wie sie selbst. Sie finden beide, daß der andere die Rolle als aktive/r und beschützende/r große/r Schwester/Bruder oder sogar als Eltern übernehmen sollte.

Auch Einzelkinder haben ihre typischen Rangkonflikte. Zwei Einzelkinder, die beide das Zentrum der ungeteilten Aufmerksamkeit der Familie gewesen sind, werden beide zutiefst davon überzeugt sein, daß sie etwas ganz Einzigartiges sind – und daß die Bedürfnisse des anderen nicht gleich hohe Priorität haben wie ihre eigenen. Sie fühlen sich am wohlsten, wenn sie im Mittelpunkt stehen, was sie naturgemäß nicht beide die ganze Zeit können. Da Einzelkinder häufig auch auf ihre eigenen Kinder eifersüchtig sind, weil sie meinen, die Kinder versuchten, ihnen die Aufmerksamkeit zu stehlen, wird auch das Anlaß zu Streitereien und verletzten Gefühlen geben.

Die Kombination «großer Bruder–kleine Schwester» oder «große Schwester – kleiner Bruder» sind dagegen frei von den meisten obengenannten Rangkonflikten. In einer Beziehung, wo der Mann großer Bruder und die Frau kleine Schwester ist, wird eine vollkommen andere Einstellung zur Aufteilung der Verantwortung herrschen als zwischen zwei Erstgeborenen. Besonders günstig ist es, wenn der große Bruder eine kleine Schwester und die kleine Schwester einen großen Bruder gehabt hat, denn dann ist die Beziehung auch frei von Geschlechterkonflikten. Beide sind daran gewöhnt, mit dem anderen Geschlecht umzugehen und es zu respektieren. Der große Bruder ist es gewöhnt, die

Führungsrolle innezuhaben, was seiner Kleine-Schwester-Frau auch meist ausgezeichnet zusagt. Gleichzeitig weiß sie, wie man gegenüber einem großen Bruder seinen Willen durchsetzt, und wird sich deshalb nicht unterdrücken und ausnutzen lassen. Sie kennt ihre eigenen Mittel und Wege, sich Gehör zu verschaffen.

Ist die Frau große Schwester und der Mann kleiner Bruder, wird es ebenfalls zu einer Rollenverteilung kommen, die beide akzeptieren können. Sie ist gewohnt zu bestimmen, und der kleine Bruder findet das in der Regel ganz in Ordnung. Er will sich am liebsten aus allem heraushalten und empfindet es als Verrat, wenn er gedrängt wird, wichtige Entscheidungen zu fällen. Auch hier gilt: Die größte Harmonie und das stabilste Gleichgewicht finden sie, wenn die große Schwester einen kleinen Bruder gehabt hat und er eine ältere Schwester.

Heiratet ein Mann aus einem reinen Jungenhaushalt eine Frau aus einer reinen Mädchenfamilie, entstehen dagegen leicht Geschlechterkonflikte. Keines der beiden ist im Umgang mit dem anderen Geschlecht geübt, und sie werden deshalb Schwierigkeiten haben, einander zu verstehen und sich in den anderen und sein Denken hineinzuversetzen. Auch eine große Schwester und besonders das mittlere Mädchen einer Geschwisterreihe, in der die drei Ältesten Mädchen und die zwei Jüngsten Jungen sind, haben es weitaus schwerer, den Mann und die Söhne zu verstehen, als das jüngste der Mädchen, das durch seine ganze Kindheit und Jugend hindurch die Brüder dicht in seiner Nähe gehabt hat.

Gleich und gleich

Eine neue und faszinierende Ansicht über verdeckte Motive bei Verliebtheit und gegenseitiger Anziehung zwischen zwei Menschen wird in dem englischen Bestseller «Die Familie – Schicksal und Chance» (Freiburg 1978) des Psychiaters Robin Skynner und eines seiner früheren Patienten, des Schauspielers John Cleese, vorgebracht. Die beiden Autoren stellen die These auf, daß Menschen sich aufgrund von Ähnlichkeiten im familiären Hintergrund ineinander verlieben. Die alte Weisheit, daß Gegensätze sich anziehen, greift ihrer Ansicht nach nicht annähernd so weit wie das andere Sprichwort, das besagt: Gleich und gleich gesellt sich gern. Außerdem können zwei anscheinend sehr verschiedene Menschen ohne weiteres aus dem gleichen Hinterland stammen und beinahe identisches Gepäck mit sich herumtragen.

Es gibt unzählige Gründe, warum sich Menschen ineinander verlieben. Und ebenso viele Erklärungen. Skynner und Cleese teilen sie der Übersichtlichkeit halber in drei Hauptkategorien ein: Es gibt soziale Ähnlichkeiten und Erwartungen wie Klassenzugehörigkeit, Religion oder Reichtum. Außerdem gibt es individuelle Präferenzen wie Aussehen und gemeinsame Interessen. Und als drittes gibt es die unerklärbare Anziehung. «Das ist Chemie», sagen die Betroffenen mit einem vielsagenden Lächeln. Und das ist auch richtig, wenn man Chemie hier mit Familienhintergrund übersetzt.

Robin Skynner wurde zum ersten Mal auf die große, aber verborgene Bedeutung des Familienhintergrunds aufmerksam, als ihm 1973 eine Gruppe amerikanischer Familientherapeuten während eines Studienaufenthalts das sogenannte «Family systems exercise» vorführten. Er hat dieses seitdem in seine Übungsmethoden im Institut für Familientherapie integriert, in dem er arbeitet.

Zweck der Übung ist es, zu zeigen, was der Wahl zweier einander wildfremder Menschen, die sich in einer Gesellschaft mit vielen Menschen als Paar finden, zugrunde liegt. Was ist das für eine unbewußte Anziehung, die allein dadurch zu entstehen scheint, daß sie sich ansehen? In dem Übungsprogramm werden die Mitglieder einer Gruppe, in der keines das andere kennt, gebeten, eine andere Person aus der Gruppe zu wählen, die entweder an ein Mitglied der eigenen Familie erinnert oder eines ersetzen könnte – die also einer der abgebrochenen Zweige des Familienbaums sein könnte. Sie sollen nichts weiter tun als sich ansehen. Sprechen ist streng verboten. Wenn sie einander angesehen und Paare gebildet haben, sollen sie ihren Familienhintergrund vergleichen. Jedes Paar wählt anschließend ein anderes Paar, das es spontan sympathisch findet, und bildet mit diesem zusammen ein Quartett. Alle Quartette sollen danach eine Art Familie bilden und einander Rollen zuteilen. Danach erzählen sie, wie sie in diesem experimentellen Familienhintergrund zu ihrer Wahl gelangten. Schließlich berichten sie der ganzen Gruppe von ihren Ergebnissen.

In der Regel entdecken die Versuchspersonen, daß sie mit drei Menschen zusammengekommen sind, die aus Familien stammen, die im großen und ganzen so funktionieren wie ihre eigene. Daß sie zum Beispiel alle aus Familien stammen, in denen es verboten ist, Zärtlichkeit zu zeigen. Oder in denen es nicht erlaubt ist, Zorn und Mißgunst zu zeigen, sondern alle eine optimistische Fassade zur Schau tragen. Oder aus Familien, in denen ein sehr ungleiches Kräfteverhältnis zwischen den Eltern bestand oder die Kinder geschlagen oder psychischen Bestrafungen ausgesetzt wurden. Vielleicht sind sie auch alle vier in einer Familie ohne Vater aufgewachsen, entweder weil die Eltern geschieden oder weil er viel auf Reisen war. Oder es sind Familien, die einen Verlust erlitten oder eine umfassende Veränderung erfahren haben, als alle vier Testpersonen im gleichen Alter waren. Die Gründe sind zahlreich und verschiedenartig. Doch die Schlußfolgerung ist: Sie faßten Sympathie und Interesse füreinander, weil sie einen gleichartigen Familienhintergrund hatten. Einen Hintergrund, den sie intuitiv errieten und der sie befähigte, untereinander Signale auszusenden und wahrzunehmen, die für andere unsichtbar waren.

Karen Blixen, die Hauptperson des nächsten Teils, ist ein klassisches Beispiel dafür, wie der Familienhintergrund mitbestimmt, in wen man sich verliebt.

III Karen Blixen

12 Karen Blixen – Das eingeklemmte mittlere Mädchen

Es gibt unzählige Bücher über die dänische Schriftstellerin Karen Blixen, über die Person, den Mythos und das Werk. Ebenso ist der familiäre Hintergrund ihrer beiden Eltern oft beschrieben worden. Dieses Kapitel versteht sich daher nicht als ein weiterer Beitrag zu dem bereits sehr umfassenden biographischen Material, sondern als ein Versuch, am konkreten Beispiel einer schon bekannten Person einige der in den vorigen Kapiteln beschriebenen Zusammenhänge und Theorien über die Bedeutung und die innere Entwicklungsdynamik der Familie zu veranschaulichen.

Das Kapitel handelt von dem eingeklemmten mittleren Mädchen Tanne und versucht zu zeigen, wie nicht nur ihre Kindheit, sondern ihr ganzes Leben und ihre Beziehungen zu anderen Menschen durch ihre Position in der Geschwisterreihe und durch die Bindungen an Eltern, Großeltern und frühere Generationen geprägt wurden. Dieser Familienhintergrund bewirkte unter anderem, daß sie einen großen Teil ihres Lebens in der Welt der Phantasie und der Träume lebte, mit der Folge, daß sie sich mehr spirituell als sexuell orientierte, zugleich aber sehr viel Wert auf ihr Aussehen, ihre Kleidung und eine betont feminine Erscheinung und Selbstdarstellung legte. Ihr Hintergrund liefert auch die Erklärung dafür, in welche Männertypen sie sich verliebte, warum sie gezwungen war, zu emigrieren, und warum es genau zu dem Zeitpunkt geschehen mußte, als sie knapp neunundzwanzig Jahre alt war.

Karen Christentze Dinesen wurde am 17. April 1885 als Tochter von Ingeborg Westenholz (1856–1939) und Gutsbesitzer Kapitän Wilhelm Dinesen (1845–1895) geboren.

Ingeborg Westenholz war als drittes Kind und ältestes Mädchen von sieben Geschwistern auf dem jütischen Herrensitz Mattrup aufgewachsen. Ihr Vater war der Großkaufmann und spätere Finanzminister Regnar Westenholz (1815–1866), ihre Mutter, Mary Westenholz (1832–1915), auch Mamá genannt, war die Tochter des wohlhabenden Kopenhagener Geschäftsmanns Etatsrat A. N. Hansen (1798–1873) und seiner englischen Frau Emma Eliza Grut (1803–1865), einer Pastorentochter von der Kanalinsel Guernsey.

Wilhelm Dinesen stammte väterlicherseits aus einer dänischen Gutsherrenfamilie. Er wurde als drittes Kind und jüngster Knabe von acht Geschwistern auf dem Herrensitz Katholm in Jütland geboren. Sein Vater, Kammerherr Adolph Wilhelm Dinesen (1807–1876), war ursprünglich Soldat gewesen, kaufte jedoch später Katholm, baute dort einen landwirtschaftlichen Musterbetrieb auf, war Mitglied des Folketings und ein eifriger, sehr konservativer politischer Publizist. Wilhelms Mutter, Dagmar Alvilde von Haffner (1818–1874), war eine Tochter von Generalleutnant Johan Wolfgang Reinholdt von Haffner (1770–1829) und Anne Margrethe Kaasbøll (1789–1849).

Ingeborg und Wilhelm Dinesen hatten fundamental unterschiedliche Lebenseinstellungen, was Karen Blixens Persönlichkeit und ihr schriftstellerisches Werk nachhaltig prägen sollte. Von Kindheit an beschäftigten sie die Westenholz/Dinesen-Gegensätze, und sie stellte die zwei Familien einander als Repräsentanten für Verbote versus Freiheit, Bürgertum versus Aristokratie und Sexualangst versus Erotik gegenüber.

Karen Blixen war Ingeborg und Wilhelm Dinesens zweites Kind und zweitälteste Tochter. Sie wuchs als eingeklemmtes mittleres Mädchen zwischen der zwei Jahre älteren Schwester Inger Benedicte, auch Ea genannt (2. 4. 1883 – 17. 6. 1922), und der siebzehn Monate jüngeren – und deshalb Pseudo-Zwillings-Schwester – Ellen Alvilde, genannt Elle (13. 9. 1886 – 17. 2. 1959), auf. Zur Geschwisterreihe gehörten auch Thomas Fasti (9. 8. 1892 – 10. 3. 1979), der gut sieben Jahre jünger war als Karen Blixen, sowie der neun Jahre jüngere Anders Rusti (8. 5. 1894 – 30. 8. 1976).

Besonders Thomas wurde im späteren Leben für Karen Blixen überaus wichtig, doch ihre Kinder- und Jugendjahre waren vor allem geprägt durch die Position zwischen den zwei Schwestern. Da die beiden Jungen mit so großem Abstand zu den Mädchen geboren waren, bildeten sie gewissermaßen eine eigene Geschwistersektion, so daß Thomas, wiewohl er ihr jüngerer Bruder war, dennoch zu einem gewissen Grad den Status als einzelner Junge und danach als eine Art großer Bruder bekam. Erstens hatte es eine kinderfreie Pause gegeben, als er zur Welt kam, und zweitens war Thomas der erste Junge in der Familie, so daß bei seiner Ankunft vermutlich ein Salut zu seinen Ehren abgefeuert wurde. Im Verhältnis zu seinem kleinen Bruder Anders besteht kein Zweifel an seiner Rolle. Hier ist er eindeutig der große Bruder. Anders spielte nicht annähernd eine so aktive und extravertierte Rolle wie Thomas, was zum Teil auch seinem rauhen Start ins Leben zugeschrieben werden kann: Anders war noch kein Jahr alt, als der Vater, Wilhelm Dinesen, Selbstmord beging, so daß durch die Trauer in der Familie seine frühe Kindheit verdunkelt war, gerade, als er Aufmerksamkeit und Liebe besonders nötig hatte.

Abwesendes und verträumtes mittleres Mädchen

Eingeklemmte mittlere Mädchen sind oft mit einem schweren Handikap geboren. In erster Linie deshalb, weil sie im Gegensatz zur großen oder kleinen Schwester nicht automatisch eine fest definierte Rolle innehaben, aber auch, weil der Kontakt zwischen dem mittleren Kind und der Mutter häufig reduziert ist. Die Mutter hat sich nicht allein um das älteste, fordernde Kind kümmern, sondern aufgrund ihrer neuen Schwangerschaft die Aufmerksamkeit auf den Neuankömmling richten müsssen und dabei das mittlere Kind etwas vernachlässigt.

Je dichter nacheinander Kinder geboren sind, mit um so schwerwiegenderen Problemen können sie später belastet sein. Es ist charakteristisch, daß mittlere Mädchen häufige Patientinnen beim Psychiater sind und daß sie eine relativ hohe Selbstmordquote haben. Die Wurzeln der Depressionen und Perioden von Hoffnungslosigkeit und Einsamkeit der erwachsenen Karen Blixen reichen zurück bis in ihre früheste Kindheit, als die Mutter Elle erwartete und Tanne buchstäblich beiseite schieben mußte.

Menschen, die früh den engen physischen Kontakt mit ihrer Mutter verlieren und dies als Verrat und Verlassenwerden erleben, sind oft dafür disponiert, an diesem Zustand hängenzubleiben und ihr Leben lang mit einem Gefühl von Isolation, Verratensein und Eifersucht zu kämpfen zu haben. Das Kleinkind, das in seiner frühesten Entwicklungsphase unbegrenzte Aufmerksamkeit geschenkt bekommen hat und Sicherheit und Selbstvertrauen entwickeln konnte, wird es leichter haben, Kontakte zu knüpfen, und auch kaum in gleichem Maß unter Eifersucht leiden wie das eingeklemmte und bedrängte Kind.

Karen Blixen und ihre zwei Schwestern weisen eine ganz charakteristische Rollenverteilung für die Familie mit drei Mädchen auf. Ea entwickelt sich zur fürsorglichen, vernünftigen und verantwortlichen großen Schwester. Karen wird die wirklichkeitsfernste und flüchtet wie so viele mittlere Mädchen in die Welt der Phantasie und der Träume. Die kleine Schwester Elle wächst zu einem ganz anderen Typ heran. Aufgrund des engen Kontakts, den sie als Säugling vermutlich zur Mutter hatte, wird sie viel tatkräftiger und realitätsbetonter. Gleichzeitig ist sie die kleine Schwester der Mädchensektion, und da sechs Jahre zwischen ihr und Thomas liegen, ist sie sechs Jahre ungestört die Jüngste und kann sich zum freiesten und untraditionellsten der drei Mädchen entwickeln. Sie wird – durchaus vorhersehbar – die Außenseiterin der Familie, die sich eifrig für eine politische Sache engagiert. Bezeichnenderweise ist sie es, die als Fünfundzwanzigjährige für zehn Monate nach Moskau geht, wo sie Thomas Dinesen[1] zufolge gemeinsam mit jungen nihilistischen Freunden die glücklichste Zeit ihres Lebens verbringt. Fünf Jahre später – am 14. Juli 1916 (dem Jahrestag der Erstürmung der Bastille) – wird die nihilistische Aufrührerin Rechtsanwaltsgattin. Sie ist dreißig Jahre alt, in dem Alter, in dem ihre Mutter sie gebar. Zusammen mit ihrem Mann wird sie zu einer überzeugten Fürsprecherin des Dänentums in Südjütland.

Ea, Karen und Elle gingen unter der Kollektivbezeichnung «die Mädchen» und bekamen die gleiche Erziehung und den gleichen Unterricht, ohne daß auf die besonderen Interessen oder Fähigkeiten der einzelnen Rücksicht genommen wurde. Betrachtet man die Kindheits- und Jugendbilder der drei Schwestern, ist es auffallend, daß sie fast immer gleich gekleidet sind.

Sie stehen in gleichen Mänteln mit Aufschlag und pelzbesetzten Kapuzen im Winterschnee. Und sie sitzen in gleichen Kleidern und Strohhüten in der Sommersonne. Sie tragen die gleichen einfachen Perlenketten, haben die gleichen Frisuren und sind sogar als Teenager noch in gleichen dunklen Sonntagskleidern aus gepunktetem Baumwollstoff mit weißen Kragen fotografiert.

Die vielen Jahre strenger Uniformierung haben der jungen Karen Blixen sicher nicht behagt. Die Position mittlerer Mädchen bringt es häufig mit sich, daß sie narzißtischer und eitler werden als andere. Sie legen mehr Wert auf ihr Äußeres und versuchen, sich durch ihr Aussehen und ihre Kleidung eine eigene Identität zu schaffen. Tanne wurde dieser

1 Vgl. Anmerkungen auf S. 154.

Möglichkeit beraubt, so daß ihre Neigung zu konkurrenzbetonter Weiblichkeit später um so stärker hervortrat. So erklärt sich Karen Blixens ungewöhnlich großes Interesse an Kleidung und sicher auch ihr hochentwickeltes Talent für Selbstinszenierungen. Sie reagierte stets verärgert, wenn jemand sagte, daß sie anderen Menschen gliche, insbesondere den Schwestern – denen hatte sie ja jahrelang bis aufs letzte Tüpfelchen gleichen müssen. Sie legte sehr viel Wert darauf, sich von ihnen wie vom Rest ihrer weiblichen Verwandten durch Originalität, elegante Kleider und Kostüme und durch die Art und Weise, in der sie ihre Schals und aufsehenerregenden Hüte trug, zu unterscheiden. Und eins war sicher: Im Gegensatz zu ihr hatte keine von ihnen jemals die Tiere selbst geschossen, deren Pelze sie trug.

Als das Ehepaar Blixen im August 1919 in London und Paris Zwischenhalt machte, bevor sie nach Hause zurückkehrten, um ihre Familien zu besuchen, hatte Karen Blixen einen kleinen, fein gekleideten Jungen aus Somali bei sich, der hinter ihr herging und ihre Pakete und den Regenschirm trug.[2] In Dänemark starrten die Menschen auf der Straße dem eigenwilligen Gespann hinterher, offensichtlich entrüstet über ihre Extravaganz. In Paris kaufte sie viel und teuer ein, allen finanziellen Problemen zum Trotz. Judith Thurman schreibt: «Tanne schwelgte in Musik, Oper und Theaterstücken, und sie ging zu einer erstklassigen Friseuse und Masseuse und kaufte überall neue Kleider. Bei Pacquin ließ sie eine Schneiderpuppe anfertigen; sie kaufte eine Reihe von modernen Hüten im Maison Lewis und hinterließ ihre Maße bei Madame Dupré, der berühmten *corsetière* an der Place Vendôme. Sie ließ sich in Paris bei Hellstern neue Schuhe aus Schlangenleder nähen, das sie selbst mitgebracht hatte.» – «Es ist eigenartig, was Kleider bedeuten», schrieb Karen an Thomas, «vielleicht überschätze ich ihre Wichtigkeit, aber es gibt nichts für mich – weder Krankheit, Armut noch Einsamkeit oder anderes Unglück –, was mir solche Qualen bereitet wie schlechtes Zeug.»

In einem langen Brief an Thomas Dinesen aus Ngong in Kenia vom 5. September 1926 kommt sie noch einmal auf die Bedeutung von Kleidern zu sprechen: «Meine Kleider zum Beispiel – ich verschwende für sie nicht so viel Geld, um Eindruck zu machen oder um den Vergleich mit anderen Frauen zu meinen Gunsten zu entscheiden, sondern weil sie für mich, mehr als für andere, wie ich meine, Ausdruck meines Wesens sind. Ich kann, wie Du weißt, in Lumpen herumlaufen, aber zu einem Dinner oder zu einem Wettrennen in einem schlampigen Aufzug zu erscheinen, ist für mich ebenso unnatürlich wie für Dich, die Bredgade in einer weißen, bestickten Damenhose entlang zu gehen...»[3]

Vaters Lieblingstochter

Karen Blixens schwere Rolle als mittleres Mädchen wurde dadurch erleichtert, daß ihre beiden Großmütter ebenfalls mittlere Mädchen in ihrer Geschwisterreihe waren. Das machte es ihren Eltern leichter, sie zu verstehen, weil sie in ihr in höherem Grad als in ihren anderen Kindern die eigenen Mütter sahen. Eltern sind, wie bereits erwähnt, in der Regel dafür disponiert, einen besonderen Kontakt zu dem Jungen oder Mädchen zu etablieren, das der Geschwisterposition ihres Vaters oder ihrer Mutter am nächsten kommt.

Karen spürte, daß sie im Unterschied zu ihren Schwestern vom Vater besonders geliebt wurde. Seit ihrer frühesten Kindheit bestand ein besonderer Kontakt zwischen ihnen. Er förderte und verstand ihr verträumtes Wesen und widmete ihr einen Teil seiner Zeit und seines Lebens, an dem die anderen Kinder nie teilhatten. Er sprach mit ihr wie mit einer Gleichgestellten, und sie machten lange Spaziergänge miteinander. Wenn sie mit ihm zusammen war, war sie nicht eines «der Mädchen», sondern bekam ihre eigene Identität und spielte eine bedeutungsvolle Rolle. Als die Erwählte des Vaters stellte sie weder ihr eigenes noch das Licht des Vaters unter den Scheffel. Sie beide waren in ihren Augen eine Elite, in die die anderen nicht verdienten, aufgenommen zu werden. Sie gehörte ihm. Und er gehörte ihr.

Obwohl Karen ihrem Vater so nahe stand, sah sie ihn während langer Perioden recht wenig. Er reiste viel, verbrachte mehrere Monate in Paris und in den USA und war zu Hause in Dänemark oft zur Jagd auf den großen Gütern eingeladen. Von 1892 an, als er Folketingsabgeordneter wurde, wohnte er die ganze Woche in Kopenhagen und kam nur an den Wochenenden nach Hause nach Rungstedlund. Er kam und ging, wie es ihm paßte, ein Verhaltensmuster übrigens, das Karen Blixen bei beiden Männern, mit denen sie später zusammenlebte, wiederholt sah.

Eine weitere Erklärung dafür, warum das Verhältnis zwischen Karen Blixen und ihrem Vater so eng war, mag in dem Umstand liegen, daß Wilhelm Dinesens Großmutter neunundzwanzig Jahre alt war, als seine Mutter geboren wurde, und daß Karen Blixens Mutter auch knapp neunundzwanzig war, als sie Karen bekam. Die Tatsache, daß seine zweitälteste Tochter in die «Schablone» seiner Mutter paßte, trug möglicherweise zur Intensivierung des Kontakts zwischen ihnen bei.

Der erste große Kummer

Als Karen knapp zehn Jahre alt war, beging Wilhelm Dinesen Selbstmord, und sie wurde in die erste große und einsame Trauer ihres Lebens gestürzt. Sie hatte ihm nähergestanden als die anderen Geschwister, deshalb war ihr Kummer tiefer und ihr Verlust größer. Wie ihre Geschwister verlor sie den Vater, aber sie verlor auch ihren engsten Vertrauten, ihr Ideal sowie einen großen Teil ihrer Identität und der Selbstachtung, die er ihr durch sein Interesse und seine Aufmerksamkeit geschenkt hatte. Nach dem Tod des Vaters stand sie ohne eine Rolle da, von den Schwestern eingeklemmt, von den Erwachsenen möglicherweise vergessen, die mitten in ihrer eigenen Trauer keine Energie hatten, sich um das kleine, träumerische Mädchen zu kümmern. Karen Blixen überwand den Verlust ihres Vaters nie ganz. Mit fünfzehn Jahren war sie Parmenia Migel[4] zufolge «von dem Gedanken besessen, daß ihr Vater in ihr weiterlebte und daß seine Ideale nur durch sie überleben könnten», doch schon früher hatte sie unbewußt begonnen, den Zweig des Familienbaums, der bei seinem Tod abgebrochen war, neu zu bilden und ihr Leben im Einklang mit seinen Idealen aufzubauen, unter anderem, indem sie schrieb. Daß sie zwischen ihrem achten und vierzehnten Lebensjahr lebendige und überzeugende Aufsätze schrieb, ist vielleicht weniger bemerkenswert, da sie dies wahrscheinlich nur im Rahmen ihrer Hausaufgaben tat. Interessanter ist, daß sie mit zehn oder elf Jahren begann, Schauspiele zu verfassen[5], also unmittelbar nach dem Tod des Vaters. Dies zeigt, daß sie das Bedürfnis hatte, noch tiefer in ihre Traumwelt zu flüchten als vorher, und daß sie darüber hinaus versuchte, die Leere, die er hinterließ, auszufüllen. Mit dem Schreiben der Schauspiele gewann sie vielleicht auch einen Teil ihres verlorenen Prestiges im Verhältnis zu den Schwestern zurück.

Durch seinen Selbstmord setzte Wilhelm Dinesen, vermutlich ganz unbewußt, eine Familientradition des frühen Vaterverlusts fort und schuf zugleich eine sonderbare Schicksalsgleichheit zwischen seiner Tochter Karen und seiner Frau Ingeborg. Ingeborg hatte nämlich ihren Vater ebenfalls verloren, als sie knapp zehn Jahre alt war. Sie wußte also aus eigener Erfahrung, wie groß Tannes Trauer war, und konnte ihr eine Stütze sein, wenn auch vielleicht nicht in dem Maß, wie sie es selbst wünschte, denn in so jungen Jahren mit fünf Kindern allein dazustehen war bestimmt eine schwere Bürde.

Karen erlebte aber auch eine Schicksalsgleichheit mit ihrer Großmutter väterlicherseits, die ihren Vater mit elf Jahren verloren hatte. Es gehört mit ins Bild, daß Ingeborg zehn Jahre und vier Monate jünger war als Wilhelm und daß Wilhelms Mutter zehn Jahre und acht Monate jünger gewesen war als ihr Mann. Wilhelm Dinesen war also wie sein Vater mit einer Frau verheiratet, die ungefähr zehneinhalb Jahre jünger war als er selbst, und diese beiden Frauen hatten beide mit ungefähr zehn Jahren ihre Väter verloren.

Die Übereinstimmungen muten beinahe magisch an. Doch es ist nichts Ungewöhnliches, daß Todestage und im übrigen auch Geburts- und Hochzeitstage in Familien sich wiederholen. Karen Blixen starb zum Beispiel am Todestag ihrer Großmutter mütterlicherseits, der auch der Hochzeitstag der Großmutter gewesen war, und Wilhelm Dinesens Mutter starb an dessen neunundzwanzigstem Geburtstag.

Wenn Wilhelm Dinesen in Karen seine Mutter gesehen hat, ist es nicht unwahrscheinlich, daß er den Zeitpunkt seines Selbstmords unbewußt nach ihrem Alter richtete. Eine andere Interpretationsmöglichkeit besteht darin, daß Ingeborg, die im gleichen Alter wie Tanne ihren Vater verloren hatte, nun ihren inneren Film ablaufen ließ und die Zeit um den Tod ihres Vaters aufgrund von Karens Alter wiedererlebte. Möglicherweise hat sie durch ihre Stimmung auf das Lebensgefühl ihres Mannes Einfluß genommen. Unbewußt und unwillkürlich können die beiden einander ein Kasperletheater vorgespielt haben, und dabei ist Wilhelm Dinesen in die Rolle des Mannes geschlüpft, der seiner Tochter «wegstirbt».

Ein weiterer Schicksalspfeil, der darauf hindeutet, daß seine Zeit im Begriff war, abzulaufen, ist die Tatsache, daß Ingeborgs Vater ungefähr fünfzig, dessen Vater seinerseits knapp einundfünfzig Jahre alt war, als sie starben. Wilhelm Dinesen war neunundvierzigeinviertel und hatte also die gleiche Lebensphase erreicht wie sein Schwiegervater und dessen Vater, als er sich das Leben nahm.

Noch ein Fall von frühem Verlust des Vaters findet sich bei Karen Blixens Großvater mütterlicherseits, der seinen Vater verlor, als er fünfzehn war. Eine derartige Häufung von frühen Vaterverlusten hat bei Karen vielleicht Zweifel an der Stärke und Belastbarkeit von Männern aufkommen lassen und ihre Partnerwahl beeinflußt. Ihr ganzes Leben hindurch wählte sie physisch starke und maskuline Männer, um sich - unbewußt - so gut wie möglich gegen all die Gefahren abzusichern, die, soweit sie sehen konnte, auf Männer lauerten und die bewirkten, daß die männlichen Mitglieder ihrer Familie weder annähernd so zahlreich waren noch so lange lebten wie die weiblichen. Sie ließ dabei jedoch außer acht, daß die starken Männer, die sie wählte, gleichzeitig auch ungewöhnlich eigenwillige Draufgänger und deshalb, wie sich später zeigen sollte, gerade besonders gefährdet waren.

Karen Blixen war ihr Leben lang sehr gewissenhaft in ihrer Treue und Loyalität zum Vater. Sie verliebte sich nicht nur in Männer, die an ihn erinnerten, sie schaffte es auch, eine unglückliche Jugendliebe zu erleben, die, biologisch gesehen, so nah mit seiner eigenen unglücklichen Jugendliebe verwandt war, wie es überhaupt nur möglich war.

Wilhelm Dinesen soll als junger Mann leidenschaftlich in seine Kusine, die Comtesse Agnes Krag-Juel-Vind Frijs (1852–1871) von Schloß Frijsenborg verliebt gewesen sein, die jedoch im Alter von achtzehn Jahren während einer Italienreise im April 1871 an Typhus starb. Im Jahr darauf reiste er, «an der Seele krank», wie er selbst es nannte, nach Nordamerika, wo er als Jäger unter den Indianern in Wisconsin lebte, bis er 1874 nach Dänemark zurückgerufen wurde, weil seine Mutter schwer erkrankt war. Wilhelm Dinesen war Mitte Zwanzig, als er Dänemark verließ, und als seine Lieblingstochter das gleiche Alter erreicht, greift sie die von ihm hinterlassenen Fäden auf und sorgt dafür, daß die Affinitäten weitergehen. «Meine Jugend war von einer großen, unglücklichen Liebe geprägt», wird sie im Alter erzählen. Diese Liebe galt ihrem Halbvetter, Baron Hans Blixen-Finecke (1886–1917), die jedoch nicht erwidert wurde. Beide verkehrten im Kreis um Schloß Frijsenborg, wo Karens engste Jugendfreundin, die Halbkusine Daisy (1888–1917), lebte.

Auch Karen reist «an der Seele krank» zusammen mit ihrer Schwester Ea am 23. März 1910 nach Paris – übrigens auf den Tag genau fünfzehn Jahre nach dem Selbstmord ihres Vaters. Sie wird in Paris fünfundzwanzig, und es ist der Erwähnung wert, daß Ea gerade jetzt ihren weiblichen Brennpunkt erreicht – also auch bei Ea muß etwas geschehen! Ingeborg Dinesen war sechsundzwanzig Jahre und elf Monate alt, als sie Ea bekam, und Ea ist sechsundzwanzig Jahre und elf Monate alt, als sie nach Paris reist, um Musik zu studieren.

Karen ist mitgefahren, um die unglückliche Liebe zu vergessen, aber ihre Anstrengungen bleiben ohne Erfolg, und sie ist noch deprimierter als vor der Reise. «Wie müde ich bin, müde, müde, müde. Wie trivial doch alles ist», schreibt sie am Montag, dem 4. April, in ihr Tagebuch.[6] Und später, nachdem sie sich von ein paar Freunden verabschiedet hat, die nach Dänemark zurückgefahren sind, klagt sie dem Tagebuch wieder ihr Leid: «Trist, trist, trist. Alles widerte mich an wie früher.» Aber es ist vielleicht auch nicht so einfach, eine Schwester zu begleiten, die obenauf ist, mitten in ihrem Brennpunkt. Im Gegensatz zu Karen ist Ea in strahlender Laune und arbeitet während des gesamten Aufenthalts hart an ihrer Stimmbildung. Sie versucht, ihre jüngere Schwester zu zerstreuen und aufzumuntern, unter anderem indem sie sie mitnimmt zur Messe in Notre-Dame. Es hilft nicht. «Ea war sehr bewegt», notiert Karen Blixen nüchtern in ihr Tagebuch. «Ich konnte beim besten Willen überhaupt nicht in irgendeine Stimmung kommen.»[7]

Zurück in Dänemark nimmt Karen ihre Besuche auf Schloß Frijsenborg wieder auf und heckt Pläne aus, wie sie Hans Blixen-Finecke treffen – oder ihm aus dem Weg gehen kann. Sie leidet immer noch unter Depressionen und starken Stimmungsschwankungen, und um von allem fortzukommen, fährt sie mit ihrem Bruder Thomas auf eine Skitour nach Norwegen und 1912 nach Rom, um ihre Freundin Daisy zu besuchen. Diese ist inzwischen – nicht gerade glücklich – mit dem dänischen Gesandten in Wien und Rom, dem wesentlich älteren Henrik Grevenkop-Castenskiold verheiratet. Sie überrascht Daisy mit der Eröffnung, daß sie sich verloben will. Nicht mit ihrem Halbvetter, Hans Blixen-Finecke, in den sie seit Jahren verliebt ist, sondern mit Bror Blixen-Finecke, seinem Zwillingsbruder.

Am 23. Dezember 1912 wird die Verlobung bekanntgegeben, und gut ein Jahr danach reist Karen mit Bror nach Afrika, wo sie sogleich heiraten und mit Hilfe einer vornehmlich von der Familie Westenholz bestrittenen Familienaktiengesellschaft die Kaffeeplantage «The Karen Coffee Co» aufbauen.

Mit der Wahl der beiden Zwillingsbrüder unterstrich Karen Blixen noch einmal ihre Loyalität gegenüber ihrem Vater. Er war in seine Kusine Agnes von Schloß Frijsenborg verliebt gewesen, aber da Agnes jung starb und keinen Sohn hinterließ, in den Karen sich hätte verlieben können, nahm sie statt dessen mit den Söhnen von Agnes' jüngster Schwester Clara vorlieb.

Karen Blixens Vater sowie dessen Vater waren kleine Brüder; sie selbst hatte nur jüngere Brüder, also versuchte sie sich an den beiden Jüngsten der drei Söhne – und glitt damit in die vom Vater gespurte Loipe. In den einen, Hans, verliebte sie sich unglücklich. Den anderen, Bror, heiratete sie. Hans kam mit nur einunddreißig Jahren bei einem Flugzeugabsturz ums Leben. Am 14. Mai 1931 fand Karen Blixens zweite große Liebe, Denys Finch Hatton, ebenfalls bei einem Flugzeugabsturz den Tod. Eine tragische Schicksalsgleichheit zwischen zwei eigenwilligen Draufgängern, die hier nur angeführt wird, um zu illustrieren, auf welchen Männertyp sie ansprach. Auch Bror Blixen fand ein tragisches Ende: Er starb bei einem Autounfall.

Karen Blixens wirkliches Leben

«Unter der Flagge meines ersten Mottos segelte ich geradewegs in das Herz Afrikas und in eine Vita Nuova hinein,

hinein in mein wirkliches Leben» («Mottos meines Lebens»).

Am 14. Januar 1914 landete Karen Blixen in der Hafenstadt Mombasa in Afrika. Noch am selben Tag wurde sie mit Bror getraut und reiste weiter in ihre neue Heimat in der Nähe des Regierungssitzes Nairobi in Britisch-Ostafrika – um ihr neues, ihr wirkliches Leben zu beginnen. Daß es gerade jetzt geschehen mußte, ist beinahe vorhersehbar: Ihr Brennpunkt ist erreicht – sie befindet sich sozusagen auf dem Höhepunkt ihres Lebens und steht im Begriff, ihre Identität als Frau zu erleben und das Selbstvertrauen wiederzufinden, das sie verlor, als vor Jahren ihr Vater starb.

Ingeborg Dinesen war achtundzwanzig Jahre und zehn Monate alt, als sie Karen zur Welt brachte. Und Karen Blixen ist achtundzwanzig Jahre und acht Monate alt, als sie, erfüllt von bis dahin ungekannter Stärke und Selbstvertrauen, ins Herz Afrikas segelt. Sie hatte lange unter dem einengenden Milieu von Rungstedlund gelitten, war aber nicht reif genug, um früher auszubrechen. «Man kann verstehen, daß es ihr schwergefallen ist, dieses Dasein auszuhalten, bis sie achtundzwanzig war», berichtete Thomas Dinesen. Und sie selbst sagte im Alter zu Thomas: «Ich kann überhaupt nicht verstehen, womit wir eigentlich die Zeit herumgebracht haben.»[8]

Karen Blixen war gezwungen, ihr wirkliches Leben weit weg von zu Hause zu beginnen, wo sie in der Rolle als eingeklemmtes mittleres Mädchen nicht die großen, wilden Entfaltungsmöglichkeiten hatte. Daß es gerade das mittlere Mädchen Karen und der kleine Bruder Bror waren, die die Emigration wählten, ist einsichtig. Für sie gab es keine Rolle in der Familie und für Bror kein Gut zu übernehmen. Durch die Emigration, den Ausbruch finden beide ihre Rolle und ihre Identität, für die im heimischen Milieu kein Platz gewesen war. Der gleiche Mechanismus ist vermutlich sowohl bei Wilhelm Dinesen wirksam gewesen, der über längere Perioden außer Landes war, als auch bei Karen Blixens späterer

Liebe Denys Finch Hatton, der ebenfalls kleiner Bruder war.

Die Ehe mit Bror beginnt gut, und Karen Blixens erste Briefe nach Hause sind ein einziger langer Lobgesang auf ihren Mann und all seine vortrefflichen Eigenschaften. Doch das Idyll fängt bald an, Risse zu bekommen. Bror, der mit nicht weniger als vier Schwestern aufgewachsen ist, ist es gewohnt, von Frauen umgeben zu sein, und stellt mitnichten den Inbegriff des treuen Ehemanns dar.

Kurze Zeit nach der Hochzeit wird Karen Blixen schwer krank. Sie hat Syphilis, vermutlich angesteckt durch ihren Mann. Nach einem Aufenthalt in Afrika von etwas mehr als einem Jahr muß sie im April 1915 nach Dänemark zurückreisen, um sich in ärztliche Behandlung zu begeben. Sie liegt vier Monate im Krankenhaus und zieht dann zu ihrer Mutter nach Rungstedlund. Sie ist zu Hause, als «Mamá», ihre Großmutter Mary, am 7. September 1915 mit dreiundachtzig Jahren stirbt.

Kurz danach heiraten Karens beide Schwestern. Ea heiratet den Gutsbesitzer Viggo de Neergaard und Elle den Rechtsanwalt Knud Dahl. Im Gegensatz zu Karen Blixen verheiraten sich beide mit Männern, die besser zum Geschlecht der Westenholz passen als zu dem der Dinesen. Das ist nicht überraschend. Karen war die Tochter, die am stärksten an Wilhelm Dinesen gebunden war, und deshalb wurde es auch ihre Aufgabe, das, wofür er gestanden hatte, durch ihre Partnerwahl in die Familie zurückzuholen.

Die vier Dinesen-Kinder, Ea, Karen, Elle und Thomas, folgten den in Kapitel 11 dargelegten Mustern für Partnerwahl. Die beiden ältesten Schwestern, Ea und Karen, verheirateten sich mit Männern, die wie ihr Vater und ihre Brüder kleine Brüder waren. Zwei der Kinder wiederholten außerdem den Altersunterschied der Eltern von zehn Jahren durch eine entsprechende Partnerwahl. Elle verheiratete sich mit dem zehn Jahre älteren Knud Dahl und Thomas mit der zehn Jahre jüngeren Jonna Lindhardt. Ingeborg und

Wilhelm Dinesen waren übrigens auch dem Muster gefolgt: Ingeborg heiratete einen kleinen Bruder, selbst war sie große Schwester.

Der Zeitpunkt der Heiraten von Ea und Elle war vielleicht kein Zufall. Möglicherweise hat der Tod der allgegenwärtigen, alles Sexuelle verurteilenden und strengen Großmutter es ihnen erleichtert, einem Mann das Jawort zu geben? «Wie sollen wir hier im Haus mit einem erotischen Element zurechtkommen?» schrieb diese besorgt an Wilhelm Dinesen, als er begann, auf Freiersfüßen um ihre Tochter zu kreisen. «Keins meiner Kinder hat das Gefühl bisher gekannt, und ich habe es stets gefürchtet, nun erschreckt es mich, daß es so nah kommt; aber es ist engherzig, so zu fühlen.»[9]

Im Sommer 1916 kommt Bror nach Dänemark. Im Vertrauen auf die vielversprechende Zukunft der Karen Coffee Co kauft die Familienaktiengesellschaft einen größeren und herrschaftlichen Gutsbesitz für das junge Emigrantenpaar, das im November in sein neues Zuhause in Afrika zurückkehrt.

Das folgende Jahr bringt viel Kummer. Am 12. Januar 1917 wird Karen Blixens beste Freundin, Daisy Grevenkop-Castenskiold, tot in einem Hotelzimmer in London aufgefunden. Die nur achtundzwanzigjährige Frau hat sich das Leben genommen. Auch sie ist ein eingeklemmtes mittleres Mädchen gewesen. Durch die Heirat mit dem ungeliebten, sechsundzwanzig Jahre älteren Mann[10] versuchte sie offenbar von der Familie fortzukommen.

Daß Karen Blixen und Daisy Grevenkop-Castenskiold sich so gut verstanden, liegt an ihrer gleichen Geschwisterposition, die ihnen alle Bedingungen für eine enge homospirituelle Beziehung bot, in der das Hauptgewicht auf geistigen Interessen lag. Als mittlere Mädchen genossen sie es beide, extravagant aufzutreten und Aufsehen zu erregen, aber sie kannten beide auch düstere Stunden, Depressionen und Selbstmordgedanken. Wie nah Karen sich mit Daisy verbunden fühlte, geht aus mehreren Briefen an Thomas hervor, die sie aus Afrika schrieb und in denen Daisy zuweilen in geradezu verliebt-verklärtem Schimmer erscheint. So schrieb Karen Blixen zum Beispiel in einer Betrachtung darüber, was vollkommenes Glück ist, unmittelbar nach der Hochzeitsreise des Bruders:

«Du glaubst hoffentlich nicht, es triebe mich der pure Neid, wenn ich sage, daß ich mich überhaupt nicht erinnern kann, jemals eine ähnlich glückliche Zeit erlebt zu haben! – Ja, als ich mit Daisy in Rom war, da konnten unsere Reittouren nach Frascati ein ähnliches Glücksgefühl hervorrufen; aber es fehlte jede Perspektive, denn die ganze Zeit wußte man ja, es würde bald vorbeisein.»[11]

Im selben Jahr – 1917 – erreicht sie die Nachricht eines weiteren tragischen Todesfalls. Hans Blixen-Finecke ist mit seinem Flugzeug abgestürzt.

Im selben Jahr wird die Krise in Bror und Karen Blixens Ehe akut, obgleich noch eine Anzahl von Jahren vergehen wird, bevor sie endgültig geschieden werden. Der charmante, aber undisziplinierte kleine Bruder erweist sich als gänzlich unfähig, die Plantage zu führen, der ökonomische Sinn geht ihm ab. Aber er hat ja auch nicht die gleiche gründliche Lehre auf diesem Gebiet durchlaufen wie sein ältester Bruder, der dazu erzogen wurde, die Tradition der Familie weiterzuführen und ihre Vermögensinteressen wahrzunehmen.

Was Karens Familie betrifft, so ist es der Beachtung wert, daß Thomas Dinesen im selben Jahr als Freiwilliger ins kanadische Heer eintritt, um sich im Krieg gegen die Deutschen zu beteiligen. Daß er eine militärische Karriere beginnt, überrascht nicht; bei seinem Familienhintergrund hätte er kaum etwas anderes tun können – die militärischen Fußspuren der Familie sind breit wie eine Heerstraße: Sein Vater Wilhelm Dinesen nahm als achtzehnjähriger Leutnant am Krieg von 1864 teil, war im deutsch-französischen Krieg von 1870/71 Hauptmann im französischen Heer und wurde mit dem Kreuz der Ehrenlegion dekoriert. Er versuchte offenbar auch, während des russisch-türkischen Kriegs 1877/78 als Offizier auf türkischer Seite ins Feld zu ziehen. Thomas Dinesens Großvater väterlicherseits war Batteriechef während des dreijährigen Krieges 1848–1850; dessen Mutter, Johanne Ulrica Göring, die mit Jens Kraft Dinesen verheiratet war, entstammte ebenfalls einem ausgeprägt militärischen Geschlecht. Auch auf der Westenholz-Seite gab es eine gewisse militärische Tradition. So nahm Karens Urgroßvater mütterlicherseits, Thomas Frederik Westenholz (1779–1830), als Hauptmann im Krieg gegen England 1808 teil. Die Familientraditionen können noch weiter zurückverfolgt werden: «Mindestens vierzehn meiner Ahnen fielen im Jahr 1500 in der Schlacht von Dithmarschen. Und mein Vorfahre im 20. Glied, Marsk Stig Andersen, trotzte König Erik Glipping», schreibt Thomas Dinesen in «Boganis».[12]

Die Begegnung mit Denys

Während das Jahr 1917 viele Sorgen und Kümmernisse brachte, wurde das folgende Jahr ein denkwürdiges Jahr für Karen Blixen. Sie findet für Hans *und* Bror Blixen Ersatz, als sie bei einer Abendgesellschaft im Muthaiga-Club in Nairobi in dem hochgebildeten englischen Militärflieger und Großwildjäger Denys Finch Hatton die Verkörperung ihres Männerideals trifft.

Wie Wilhelm Dinesen und Bror Blixen ist er ein kleiner Bruder – jüngster Sohn von Henry Stormont, dem 13. Earl of Winchilsea und 8. Earl of Nottingham, und Anne Codrington, der Tochter eines englischen Flottenadmirals. Die Älteste in Denys Finch Hattons Geschwisterreihe ist die Schwester Gladys Margaret, genannt Topsy, während der Erbe des Titels sein zwei Jahre älterer Bruder Guy Montagu George, genannt Toby, ist. Wie Wilhelm Dinesen und Bror Blixen emigrierte auch Denys für längere Zeit. Als Karen Blixens Beziehung zu Denys Finch Hatton auf ihrem Höhepunkt ist, hält Bror sich nur für kurze Zeit zwischen langen Monaten der Abwesenheit auf der Plantage auf.

Gemeinsam war den drei Männern die Liebe zur Natur, das Leben als Jäger, die Abenteuerlust, Wagemut und physische Stärke. Denys Finch Hatton entsprach jedoch vermutlich Karen Blixens Männer- und Vaterideal mehr als Bror Blixen, da er wie Wilhelm Dinesen auch intellektuell überragend war. Er gab ihr nicht nur die Möglichkeit, hinauszukommen und die weite, wilde Welt zu erforschen, wie sie es mit ihrem Vater in der Kindheit getan hatte, er ermöglichte ihr auch einen geistigen und intellektuellen Austausch, den es zwischen ihr und Bror kaum gegeben hatte.

Karen Blixens Beziehung zu Denys Finch Hatton

Es ist viel darüber diskutiert worden, inwieweit die Beziehung von Karen Blixen und Denys Finch Hatton eine sexuelle war oder nicht. Es braucht in keiner Weise eine Entweder-Oder-Beziehung gewesen zu sein. Aber zieht man beider Familienhintergrund und Geschwisterposition in Betracht, erscheint es wahrscheinlich, daß ihre Beziehung in erster Linie heterospiritueller Natur war, daß sie also den geistigen Kontakt bevorzugt haben. Das mittlere Mädchen unter Mädchen ist die Frau mit dem größten Handikap in Männerbeziehungen, weil sie im Femininen eingebunden ist. Statistisch gesehen sind mittlere Schwestern weniger heterosexuell als andere Frauen und überrepräsentiert bei asexuellen Frauen. Das bedeutet nicht, daß sie sich nicht verlieben und eine enge Beziehung zu einem Mann haben können; aber sie legen im allgemeinen größeres Gewicht auf das Geistige als auf das Sexuelle. Wenn Karen Blixen eine so große Schriftstellerin geworden ist, dann deshalb, weil sie ihre Energie auf spiritueller Ebene entfaltete. Oder anders gesagt: Sie wäre kaum eine so bedeutende Schriftstellerin geworden, wenn sie Brüder um sich gehabt hätte und später einen Mann und fünf Kinder wie ihre Mutter.

Doch was sagt Karen Blixen selbst? Eigentlich recht wenig. Sie ist in ihrem ganzen Werk sehr zurückhaltend mit konkreten Angaben über die Beziehung zu Denys Finch Hatton – und Beziehungen zu Männern überhaupt. Aber in den Briefen an Thomas macht sie kein Hehl aus ihrer Verliebtheit in Denys, nennt ihn «das Glück meines Lebens»[13] und schreibt, daß sie sich vollkommen im klaren sei darüber, «daß er für mich das einzige ist, das mir im Leben etwas bedeutet, und daß sich mein ganzes Dasein um diese Beziehung wie um eine Achse dreht, und daß sie stets beide Möglichkeiten birgt, wie man so sagt, Himmel und Hölle, und die in sehr schroffen Übergängen»[14].

Thomas Dinesen erwähnt in seinen Büchern Gespräche, in denen er und die große Schwester über Erotik und die Bedeutung des Verliebtseins diskutierten, ein Thema, über das sie weit auseinandergehende Auffassungen hatten und bei dem Karen – wenig überraschend – eine für die mittlere Schwester ganz typische heterospirituelle Auffassung vertrat. Eine solche Episode schildert Thomas Dinesen in seinem Buch «Tanne – Meine Schwester Karen Blixen»[15]. Eines Abends unterhielten sich die zwei Geschwister darüber, was die größte physische Freude, der höchste körperliche Genuß im Leben sei. «Ein weiches, herrliches Bett, wenn man todmüde ist, meinte Tanne. – Ja, oder ein warmes Bad nach einem schweißtreibenden Tag, sagte ich. – Ein Festmahl mit dem allerbesten Veuve Clicquot, fuhr Tanne fort. – Nun, schon, sagte ich, aber können wir uns nicht wenigstens darin einig sein, daß nichts vergleichbar ist mit den Freuden, die die Erotik uns schenkt? – Nun ja, sagte Tanne und lachte, aber wir sprechen doch hier von physischen, körperlichen Freuden – die Genüsse, die uns die Erotik vermittelt, sind geistiger Art. – Da sagte ich nichts mehr», fügte Thomas Dinesen hinzu.

Wie hoch sie das Spirituelle im Verhältnis zum Sexuellen einschätzte, geht auch aus einem langen Brief über Ehe und Geschlechtsmoral an Thomas vom 19. November 1927 hervor. Der Brief ist eine Antwort auf zwei Artikel, die er kurz zuvor in der Tageszeitung *Politiken* veröffentlicht hatte. In dem Brief, in dem sie im übrigen die Bezeichnung Mensch und nicht Mann benutzt, beschreibt sie, wie sie es erlebt, verliebt zu sein.

«Ich muß allerdings darauf hinweisen, daß ich hier ohne viel persönliche Erfahrung spreche. Polowtzoff sagte zu mir, er habe nie *‹anybody so sensual and so little sexual›* wie mich gekannt – und damit hat er wohl etwas Richtiges getroffen. Meine Ehe ist an solchen Dingen gescheitert, die eine kameradschaftliche Beziehung oder eine geschäftliche Partnerschaft scheitern lassen, nicht an den Leidenschaften, die Strindbergs ‹Vater› den Verstand rauben oder, wie gesagt, Othello zum Mord treiben. Aus den Liebesbeziehungen, die ich in meinem Leben gehabt habe, habe ich mich immer im besten Einvernehmen mit dem Partner gelöst. Was mich gefesselt oder fasziniert hat, oder wie immer Du es nennen willst, war stets die Persönlichkeit eines Menschen oder es waren gemeinsame Interessen irgendwelcher Art – oder aber das ganze Verhältnis war, wenn ich das so sagen darf, wie ein Spiel oder ein Tanz. Ich habe wohl kein Talent, ein sexuelles Verhältnis als solches mit tiefem Ernst zu betrachten. So herrlich ich es finde, auf die Jagd oder zu einer Ballettvorstellung oder auf Reisen mit einem Menschen zu gehen, in den ich verliebt bin, so unerträglich ist es für mich ‹Gegenstand zu sein›. Ich habe nie in meinem Leben dagesessen und einem Menschen verliebt in die Augen gestarrt; ich glaube, ich wäre dazu gar nicht imstande. Ich kann es überhaupt nicht leiden, umhätschelt zu werden, finde es unerträglich, wenn man mir Kosenamen gibt oder mich sonst irgendwie kindisch behandelt.»[16]

Obwohl der Altersunterschied zwischen den beiden Geschwistern gut sieben Jahre betrug, machte Karen Blixen zu einem recht frühen Zeitpunkt Thomas zu ihrem Vertrauten, so wie Wilhelm Dinesen sie zu seiner Vertrauten unter seinen Kindern gemacht hatte. Und Thomas dankte ihr das Vertrauen damit, daß er ihr trotz aller Unterschiede und

Uneinigkeiten eine solide und loyale Stütze wurde, besonders während der immer schwierigeren Jahre in Afrika und bis er selbst eine Familie gründete.

Im November 1920, nachdem sie über ein Jahr lang zu Hause in Dänemark gewesen war, reiste er mit ihr zurück nach Afrika. Die Ehe mit Bror befand sich endgültig in Auflösung, und während des Heimataufenthalts hatte sie Grippe und eine Blutvergiftung gehabt und war über fünf Monate krank gewesen. Als sie wieder auf dem Weg nach Afrika ist, stehen ihr große eheliche und ökonomische Probleme bevor. Sie kann wirklich eine Stütze brauchen, und Thomas steht ihr treu zur Seite. Das ganze Jahr 1921 bleibt er auf der Plantage; es ist das Jahr, in dem Karen Blixens Onkel Aage Westenholz, der Vorsitzende der «Karen Coffee Co» Kenia besucht, um die Plantage zu inspizieren und eine endgültige Entscheidung über ihre Zukunft zu fällen. Als Ergebnis seiner Inspektion wird Bror Blixen als Manager entlassen und die gesamte Verwaltung der Farm Karen übertragen. Dies geschieht unter der ausdrücklichen Bedingung, daß Bror Blixen nichts mehr mit der Plantage zu tun haben darf. Beinahe zur gleichen Zeit wird die Trennung ausgesprochen – sehr gegen Karens Willen. Denn trotz der Aufhebung der Ehe entsteht eine ernste Krise zwischen ihr und der Familie Westenholz, die Bror in Grund und Boden verdammt.

Karen Blixens Sorgen setzen sich das ganze nächste Jahr fort. Sie ist deprimiert über die Trennung, und am 17. Juni 1922 verliert sie ihre Schwester Ea, die mit nur neununddreißig Jahren stirbt. Ea hatte wenige Tage zuvor eine Totgeburt gehabt. Sie hinterläßt ihren Mann und die Tochter Karen.

Thomas Dinesen bleibt über zwei Jahre auf der Plantage, bevor er im März 1923 die Heimreise antritt. Er ist zu diesem Zeitpunkt überzeugt, daß die Farm nicht zu retten ist. Schon im Jahr darauf kehrt er nach Afrika zurück, diesmal zusammen mit der Mutter, Ingeborg Dinesen, die über zwei Monate bei ihrer Tochter bleibt. Unmittelbar danach werden

Karen und Bror Blixen geschieden, und zusammen mit Thomas reist sie im März zurück nach Dänemark.

Karen Blixen bleibt fast ein ganzes Jahr in Dänemark und kehrt erst im Februar 1926 nach Afrika zurück. Im selben Jahr heiratet Thomas Dinesen die zehn Jahre jüngere Jonna Marie Lindhardt. Karen Blixen legt anscheinend keinen Wert darauf, bei der großen Familienfeier zu Hause zu sein. Daß sie sich gegen die Anwesenheit bei der Hochzeit entscheidet, kann als eine Form von Protest oder vielleicht sogar von Eifersucht gegenüber der Schwägerin aufgefaßt werden, die ihr, so mag Karen Blixen es gesehen haben, den Bruder genommen hat. Diese Hypothese wird untermauert durch die Briefe, die sie in der Zeit um die Hochzeit herum an Thomas schreibt und aus denen hervorgeht, daß sie sich in einer tiefen persönlichen Krise befindet. Wahrscheinlich ist ihr nicht bewußt, welche Rolle es für sie spielt, daß sie ihren Bruder an eine andere Frau «verloren» hat.

Der erste Brief an Thomas nach der Hochzeit wird stilgerecht mit Glückwünschen eingeleitet – und mit einer diskreten Erinnerung des Bruders daran, wer es ist, der ihm an nächsten steht: «Es gibt ja so viele, die Dich lieben und für die Du soviel bedeutest, aber für keinen von all denen bist Du mehr gewesen als für mich . . .»[17].

Etwas später im selben Brief rückt sie mit ihrer eigentlichen Botschaft heraus: «Ich will damit beginnen, Dir zu sagen, daß ich, als ich Dein Telegramm erhielt, hier eines an Dich aufgesetzt und zum Abschicken paratliegen hatte mit folgendem Wortlaut: ‹*Will you help me to get to Europe, I shall die if remaining here.*›» Sie entschuldigt sich dafür, daß sie gezwungen ist, ihn mit ihren Problemen zu belasten, tröstet sich jedoch damit, daß er sie in glücklichen Umständen zu lesen bekommt, und erklärt danach ihre eigene Situation: «So zum Schweigen gezwungen zu sein, wie ich es hier bin, wenn man so große Schwierigkeiten hat wie ich jetzt, das ist ein Gefühl, als wäre man lebendig begraben, und Du mußt an mich denken, als ob Du mich im Dunkel liegen sähest mit dem Gewicht der Erde auf meiner Brust, und mir diesen Aufschrei verzeihen.»[18]

Als am 2. Juni 1927 Thomas und Jonna Dinesens erstes Kind geboren wird, manifestiert sich Karens Eifersucht in einer ernsten Lungenentzündung. Die ungewöhnliche Reaktion mag darauf zurückzuführen sein, daß sie bei dem Gefühl, den Bruder zu verlieren, den Verlust des Vaters wiedererlebt. In einem Brief aus Ngong vom 20. Juni 1927 beglückwünscht sie die beiden zu ihrem Kind und entschuldigt sich, daß sie nicht früher geschrieben habe, aber sie habe «soviel zu tun gehabt und schreibe dies als Strafe für meine Sünden im Bett, wo ich mich seit einer Woche mit etwas aufhalte, das der Doktor Malaria nennt, das ich selbst aber für eine Lungenentzündung halte».

Der Glückwunschbrief endet mit einem aufschlußreichen Mißverständnis, das deutlich ihr großes Bedürfnis zeigt, sich in das Leben des Bruders einzumischen – es war ein Glück, nicht zuletzt für Jonna, daß sie weit weg in Afrika war: «Wenn Ihr diesen Brief bekommt, ist vielleicht die ganze junge Familie in Rungsted, und die kleine Ingeborg kann im Schatten der Bäume spazierenfahren, unter denen die Großmutter Ingeborg als glückliche junge Ehefrau den kleinen Thomas spazierenfuhr», schreibt sie und zeigt damit, daß sie in dem Neugeborenen bereits eine neue Ingeborg sieht und daß sie klare Vorstellungen davon hat, wie die Kleine sich entwickeln soll – mit anderen Worten, wie die Satellitenübertragung ablaufen soll. Das kleine Mädchen wurde freilich nicht Ingeborg genannt, sondern Anne. Doch Thomas' nächste Tochter hieß dann Ingeborg.

Karen Blixens enge Beziehung zu Thomas Dinesen beruht vermutlich darauf, daß sie bei vielen Gelegenheiten ihren Vater in ihm wiedererkannte. Ingeborg Dinesen hat nach dem Tod ihres Mannes wohl auch versucht, Thomas nach seinem Bild zu formen. Thomas Dinesen zeigte sich im Alter jedenfalls verwundert über die weitgehende Freiheit, die Ingeborg ihren Söhnen während ihrer ganzen Jugendzeit gelassen hat. Ihren Töchtern gegenüber war sie übertrieben beschützend – sie war ja eine große Schwester –, aber die Jungen erzog sie, «wie ihr toter Vater es gewünscht haben würde»[19].

Als um sieben Jahre ältere große Schwester hat Karen Thomas vermutlich selbst mit großgezogen und vielleicht auch unbewußt versucht, ihn nach dem Bild des Vaters zu formen. Es liegt also eine Satellitenübertragung vor, die dadurch verstärkt wurde, daß Wilhelm Dinesen selbst auch kleiner Bruder gewesen war.

Karen Blixens eigenes enges Verhältnis zu ihrem kleinen Bruder zusammen mit der Position des Vaters und im übrigen auch des Großvaters als kleiner Bruder mag von entscheidender Bedeutung dafür gewesen sein, daß sie sich sowohl von Hans und Bror Blixen als auch von Denys Finch Hatton angezogen fühlte. Die Bindungen der Kindheit wurden im Verhältnis zu diesen jüngeren Brüdern neu gebildet, und sie trat ihnen bühnenerfahren in der Rolle der großen Schwester entgegen. Denys Finch Hatton war ja auch aufs engste mit seiner großen Schwester Topsy verbunden und hat wahrscheinlich etwas von ihr in Karen Blixen sehen können. Wie Karen Blixen heftig auf die Heirat des Bruders reagierte, so ist es auch bemerkenswert, daß Denys Finch Hatton 1911 emigrierte – im selben Jahr, in dem seine große Schwester sich verheiratete.

Zurück in die Welt der Träume und der Phantasie

Als Karen Blixens Existenz in Afrika zusammengebrochen ist – die Farm mußte auf einer Zwangsauktion verkauft werden – und sie im August 1931 mit dem Schiff aus Mombasa kommend in Marseille an Land geht, steht der zwar verheiratete, aber dennoch treue Thomas am Kai, um sie in Empfang zu nehmen und durch Europa zu begleiten. Gemeinsam mit Ingeborg Dinesen unterstützt er sie auch finanziell, als sie nun als Sechsundvierzigjährige vollkommen ruiniert nach Dänemark zurückkehrt.

Ihre Klimax hatte begonnen, als sie achtzehn Jahre zuvor nach Afrika übersiedelte. Als sie nach Dänemark zurückkehrt, ist ihre Ehe aufgelöst, sie hat ihren Plantagenbesitz verloren, Afrika Lebewohl sagen müssen und hat für immer ihren Freund Denys verloren, der im Alter von vierundvierzig Jahren ums Leben kam, als sein Flugzeug am 14. Mai 1931 bei Voi in Kenia abstürzte.

Wieder zu Hause in Rungstedlund, vertieft sich Karen Blixen ins Schreiben, nicht allein um ökonomisch, sondern auch um seelisch zu überleben. Ihr «wirkliches» Leben, wie sie selbst es nannte, ist ausgespielt, und wie in der Kindheit und Jugend flüchtet sie noch einmal in die Welt der Phantasie und des Traums – in ihre phantastischen Erzählungen.

Anmerkungen

Das Kapitel über Karen Blixen baut u.a. auf Gesprächen zwischen Oluf Martensen-Larsen und Thomas Dinesen aus den Jahren 1962 und 1963 auf. Damals wurde unter Rückgriff auf verschiedene genealogische Schriften das Familienschema erstellt.

Aus der Sekundärliteratur wurde Judith Thurmans *Karen Blixen – en fortællers liv* als Quelle benutzt.

1 Thomas Dinesen, *Tanne – min søster, Karen Blixen.* Gyldendal 1974, S. 18
2 Judith Thurman, *Karen Blixen – en fortællers liv.* Gyldendal 1982, S. 209f.
3 Tania Blixen, *Briefe aus Afrika*, hrsg. von Frans Lasson, Stuttgart 1978, S. 318
4 Thurman, a.a.O., S. 76
5 Thurman, a.a.O., S. 61ff.
6 Thurman, a.a.O., S. 125
7 Thurman, a.a.O., S. 124
8 Frans Lasson/Clara Selborn, *Tania Blixen. Ihr Leben in Dänemark und Afrika.* Stuttgart 1987
9 Thomas Dinesen, *Boganis.* Gyldendal 1972, S. 101
10 Thurman, a.a.O., S. 121
11 *Briefe aus Afrika*, S. 310
12 Thomas Dinesen, *Boganis*, S. 10
13 *Briefe aus Afrika*, S. 319
14 ebd., S. 279
15 Thomas Dinesen in *Tanne*, S. 99
16 *Briefe aus Afrika*, S. 363f.
17 ebd., S. 271f.
18 ebd., S. 273
19 Thurman, a.a.O., S. 60

Außerdem wurde benutzt: Frans Lasson, *Karen Blixen en kronologi.* Magasins Bogafdeling 1985.

IV Berufswahl, Alkoholismus, Homosexualität

13 Berufswahl

«Ich bin ganz zufällig Pastor geworden. Als ich aufs Gymnasium ging, habe ich nicht einmal daran gedacht, aber dann . . .»

Viele Menschen glauben, ihre Wahl der Ausbildung und des Berufs sei das Resultat einer ganz persönlichen und individuellen Entscheidung, oder sie neigen zu dem entgegengesetzten Extrem und sagen wie der Pastor, daß ihr Lebensweg durch einen Zufall bestimmt worden sei. So einfach ist es selten. In vielen Fällen gibt es selbst für die zufälligsten und scheinbar impulsiven Entscheidungen eine Erklärung. Ungeachtet dessen, ob man Pastor wird oder Förster, Pilot, Offizier, Sozialarbeiter, Schauspielerin oder Architektin oder ob man einen beliebigen anderen Beruf wählt, wird die Wahl, wie so viele andere, von dem persönlichen Hintergrund und den Erwartungen der Umgebung beeinflußt sein, unter anderem von der eigenen Geschwisterposition und der der Eltern und ihren Erwartungen, nicht zuletzt aber auch durch die früheren Generationen der Familie.

Am einleuchtendsten ist der Zusammenhang zwischen der eigenen Geschwisterposition und der Berufswahl. Denn viele Menschen suchen sich eine Laufbahn aus, in der sie die Rolle weiterspielen können, die ihnen in der Familie zugeteilt war.

Eine verantwortungsvolle große Schwester wird sich beispielsweise weitaus mehr zur Sozialpädagogik hingezogen fühlen als die unkonventionelle kleine Schwester. Die große

Schwester ist es gewöhnt, eine Schar jüngerer Geschwister in Schach zu halten und zu betreuen, und paßt deshalb hervorragend in die Rolle der Sozialpädagogin, in der sie fortfahren kann, die Verantwortungsbewußte, Vernünftige und Ermahnende zu sein, die die Initiative übernimmt und dafür Sorge trägt, daß die anderen keine Dummheiten machen.

Doch die eigene Geschwisterposition tut es wie gesagt nicht allein. Geht man eine Generation zurück, wird man feststellen, daß die Mutter der Sozialpädagogin sehr oft ebenfalls große Schwester ist. Die Mutter eines Ornithologen dagegen ist wahrscheinlich eine typische kleine Schwester. Da sie selbst ein flatternder freier Vogel ist, akzeptiert sie es ohne weiteres, daß die Kinder morgens um halb vier aufstehen, um Vögel zu beobachten. Das würde die prinzipientreue große Schwester kaum zulassen: Um halb vier am Morgen gehören Kinder ins Bett und sonst nirgendwohin!

Im folgenden soll eine Reihe größerer und kleinerer Untersuchungen über den familiären Hintergrund verschiedener Berufsgruppen vorgestellt werden. Das überaus umfangreiche Material ist über fünfunddreißig Jahre hinweg von Oluf Martensen-Larsen gesammelt worden, teils durch Erfassung des Hintergrunds der eigenen Patienten, teils durch Analysen von Familienstammtafeln und genealogischen Handbüchern.

Da es hier nicht möglich ist, sämtliche untersuchten Berufsgruppen detailliert zu präsentieren, kann dieses Kapitel nichts weiter sein als ein «Appetitanreger», der einige der vielen verdeckten Mechanismen beleuchtet, die von Bedeutung dafür sind, welchen Beruf wir wählen, und zeigt, welche Familienkonstellationen typische Kennzeichen einzelner Berufsgruppen sind.

Einige der Berufsgruppen, beispielsweise Pastoren, können mehrere hundert Jahre zurückverfolgt werden, aber es besagt nicht sehr viel, ob es sich um einen alten oder neuen

Ausbildungsgang handelt. Die psychologischen Mechanismen sind weitgehend zeitlos, da sie von Generation zu Generation weitergegeben werden. Auch wenn der Arbeitsmarkt sich sehr geändert hat und die soziale Rekrutierung sehr viel breiter geworden ist, ist die gegenwärtige Situation doch das Resultat einer langen Entwicklung. Es vergingen in den europäischen Ländern zum Beispiel über hundert Jahre, nachdem die ersten Frauen ihre Staatsexamen bestanden, bis sie in Medizin, Jurisprudenz usw. zu Professorinnen ernannt wurden.

Der Pastor ist ein großer Bruder
Pastoren sind eine besonders gut geeignete Berufsgruppe, um sowohl die Bedeutung der eigenen Geschwisterposition als auch den Einfluß der Familie zu zeigen. Sie waren übrigens auch die erste Berufsgruppe, die Oluf Martensen-Larsen erfaßte. Das war in den fünfziger Jahren, als er die Stammtafeln von insgesamt 302 Pastoren der Volkskirche fand. Daß es gerade Pastoren waren, die sein Interesse weckten und seine Arbeit auf den Einfluß der Familie lenkten, hängt vielleicht mit seinem eigenen Familienhintergrund zusammen: ein älterer Bruder, der Pastor war und mit einer Pastorentochter verheiratet, ein Vater, der Dompropst war, ein Urgroßvater, der Bischof war, und mit hoher Wahrscheinlichkeit ein schwedischer Ururgroßvater, der Erzbischof war und dem nicht weniger als vier Generationen Pastoren vorausgegangen waren.

Die Untersuchung brachte einen verblüffend einheitlichen Familienhintergrund der 302 Pastoren zum Vorschein. Fast alle kamen von der Spitze einer großen Geschwisterreihe und hatten viele jüngere Geschwister. Unter den 302 Pastoren war nur *ein* Einzelkind.

Die Untersuchung zeigte auch, daß nicht allein die eigene Geschwisterposition des Pastors von Bedeutung war. Der Familienhintergrund erwies sich über mehrere Generationen zurück als einheitlich. Von 201 Vätern waren nur zwei

Einzelkinder, weitaus die meisten waren die ältesten Söhne in ihrer Familie und hatten viele jüngere Geschwister. 102 der Väter waren selbst Pastoren; es handelt sich also um einen Beruf, der in ausgeprägtem Grad vom Vater auf den Sohn übergeht, oft auf den ältesten.

Unter 129 Großvätern väterlicherseits war kein einziges Einzelkind; 68 waren im ältesten Drittel der Geschwisterreihe geboren gegen nur 24 aus dem jüngsten Drittel; von diesen wiederum waren 45 ältere gegen 13 jüngste Söhne. Unter den 82 Großvätern mütterlicherseits waren ebenfalls keine Einzelkinder, aber beinah doppelt so viele ältere Brüder wie jüngere – 43 gegenüber 24. Die gleiche Tendenz setzte sich fort bis zu den Urgroßvätern väterlicherseits, bei denen von insgesamt 58 keiner ein Einzelkind war; hier waren 31 aus dem ältesten Drittel gegenüber zehn aus dem jüngsten.

Die Pastorenuntersuchung ist deshalb interessant, weil sie zeitlich eine lange Periode umfaßt. So waren 49 Pastoren vor 1800 geboren, 98 zwischen 1800 und 1850 und 104 zwischen 1850 und 1900, 51 waren nach 1900 geboren. Aber das Muster war immer das gleiche: Pastoren wurden überwiegend ältere Brüder in einer großen Geschwisterreihe.

Es ist charakteristisch, daß die Pastoren aus ausgeprägt patriarchalischen Familien stammten, in denen Frauen eine dienende Rolle zugewiesen wurde. Sie sind vermutlich auch recht autoritätsgläubig gewesen. Die Familientradition vermittelte dem ältesten Sohn das Bild, daß es der Mann ist, der Wort- und Anführer ist. Und weil er gleichzeitig oft viele kleine Geschwister hatte, fing er selbst in frühem Alter an, sich als Anführer einer Schar zu verhalten.

Er ist nicht nur derjenige, der dafür sorgte, daß die Jüngeren sich in die Hierarchie der Familie einordneten. Er wiederholte auch die Lehrsätze der Eltern unendlich viele Male und wurde bereits in jungen Jahren zum Verkünder und Hirten einer Herde. In der Rolle als Pastor kann man die Weiterführung der Rolle des großen Bruders sehen. Der autoritätsgläubige und belehrende Bruder hat lediglich die Geschwisterschar gegen die Gemeinde eingetauscht. Der Hirte hat weiterhin seine Herde.

Die Pastorenfrau – die große Schwester der Gemeinde
Die Stammtafeln der Pastoren enthielten auch Angaben über insgesamt 262 Pastorenfrauen. Deren Familienhintergrund wies ebenfalls eine Reihe von Gemeinsamkeiten auf. Einzelkinder waren auch bei ihnen unterrepräsentiert. Insgesamt waren es acht. Große Schwestern waren häufiger als kleine Schwestern. Insgesamt waren es 65 Erstgeborene und 30 Letztgeborene. Die Pastorenfrau, in der Regel also eine große Schwester, nimmt auch in der Gemeinde eine typische Große-Schwester-Rolle ein. Ihre Geschwisterposition kann in der Ehe zu Rangkonflikten führen, doch da sie meistens aus Familien kamen, in denen die Väter in der Geschwisterreihe oben rangierten, wirkte das als Dämpfer. Unter den 166 Vätern, über die Angaben vorhanden waren, waren beispielsweise 54 Erst- gegen 20 Letztgeborene, und 68 der Väter waren älteste Brüder in der Familie. Das gleiche wiederholte sich bei den Großvätern väterlicherseits, bei denen von insgesamt 93 siebenundzwanzig Erstgeborene gegenüber lediglich sieben Letztgeborenen vorkamen. Die Pastorenfrau ist also eine praktisch veranlagte große Schwester, doch ist in ihrem Hintergrund die Tradition lebendig, daß, was Vater tut, stets richtig ist.

Unter den Großmüttern väterlicherseits – insgesamt 50 – sind die großen Schwestern in der Überzahl gegenüber den Letztgeborenen, 17 gegenüber drei. Der Vater der Pastorenfrau hatte also eine Mutter in führender Position. Die Mutter und Großmutter mütterlicherseits waren dagegen gleichmäßig verteilt in der Geschwisterreihe, so daß man erneut sagen kann, daß die Stärke von der Seite des Vaters kam. Es rundet das Bild ab, daß zehn Großmütter mütterlicherseits ihre Mutter verloren, aber ihren Vater behalten hatten, während das Umgekehrte nur bei fünf von ihnen der Fall war, was wiederum für die Dominanz der Väter spricht.

Gewohnt, im Glied zu stehen – der Offizier
Während der Pastor durch seine Berufswahl klarstellt, daß er nur ungern mehr als einen Vorgesetzten – den Herrgott – über sich akzeptiert, ansonsten aber seine Schäfchen, die er schon in jungen Jahren bekam, unter sich hat, steht der Offizier im Glied. Er ist gewohnt, in Reih und Glied zu stehen, eine Reihe Vorgesetzter vor sich und eine noch größere Reihe Untergebener hinter sich zu haben. Dementsprechend ist er auch gewohnt, Kommandos entgegenzunehmen und Kommandos zu erteilen. Eine Position in der Mitte ist gerade das richtige für ihn – vielleicht deshalb, weil mittlere Kinder in seinem Familienhintergrund am stärksten repräsentiert sind.

Wie bei den Pastoren sind Einzelkinder selten: vier von insgesamt 98 erfaßten Offizieren. Doch damit hören die Gleichheiten zwischen den beiden Berufsgruppen auch schon auf, denn während der Pastor oft der älteste Bruder der Familie ist, sind die Offiziere gleichmäßig auf alle Geschwisterpositionen verteilt. 32 gehörten zum ältesten Teil ihrer Geschwisterreihe, davon waren 23 die Erstgeborenen der Familie. 34 lagen im mittleren Drittel und 28 im unteren Drittel, darunter 24 Letztgeborene. Es bestand auch eine gleichmäßige Geschlechterverteilung in der Geschwisterreihe; 31 hatten einen Bruder unmittelbar vor sich, 32 einen Bruder unmittelbar nach sich, während 40 ein Mädchen vor sich und 38 ein Mädchen nach sich hatten.

Verfolgt man den Familienhintergrund der Offiziere zurück, zeigt sich ein klares Übergewicht an mittleren Kindern, am deutlichsten bei den Müttern und Großmüttern. Unter 65 Müttern waren 30 mittlere Mädchen, 16 gehörten ins ältere Drittel, darunter neun älteste Kinder, und 15 waren aus dem jüngsten Drittel. Vier waren Einzelkinder. Die Großmutter mütterlicherseits war ebenfalls ausgeprägtes mittleres Kind; unter 21 waren drei älteste und drei jüngste, die übrigen mittlere Mädchen. Es ist charakteristisch, daß die Väter und beide Großväter von Offizieren gleichmäßig auf die Geschwisterreihe verteilt sind, doch auch hier gibt es ein Übergewicht von mittleren Positionen.

Während der Pastor in die Rolle als Oberhaupt der Geschwisterschaft hineingeboren ist, haben die meisten Offiziere durch ihre Familienkonstellation gelernt, daß sowohl vor ihnen als auch nach ihnen Geschwister sind, ein Bewußtsein, das durch ihre Mütter und Großmütter mütterlicherseits vermittelt wurde, da diese ihnen nicht nur beibrachten, sich einzuordnen, sondern noch wichtiger: daß sie keine Spitzenpositionen einzunehmen brauchten.

Der Arzt – ein großer Individualist

Sowohl Ärztinnen als auch Ärzte kommen aus Familien, in denen ihr eigenes Geschlecht vorherrscht, Ärztinnen also aus weiblich dominierten, Ärzte aus männlich dominierten Familien. Ein solcher Familienhintergrund schafft ausgeprägte Individuen mit einem selbstsicheren Glauben daran, daß sie allein zurechtkommen und anderen helfen können.

Die Erklärung für diese Selbsteinschätzung läßt sich aus der Generation der Großeltern ableiten. Die Ärztin hat nämlich bezeichnenderweise eine starke Großmutter und einen schwachen Großvater mütterlicherseits, woraus ihre Mutter den Schluß gezogen hat, daß Frauen das stärkere Geschlecht sind, daß Frauen mehr leisten können als Männer, daß sie in der Lage sind, für sich selbst aufzukommen, alles Praktische bewältigen und anderen helfen können. Auf Männer ist demgegenüber nicht richtig Verlaß. Da die Mutter häufig selbst eine starke Persönlichkeit ist, verstärkt sich der Effekt der Satellitenübertragung, und das Muster geht auf die nächste Generation über. Die starken Frauen vererben sich sozusagen, weil die Mutter der Ärztin in ihrer Tochter ihre starke Mutter sieht. Und wenn eine Mutter daran glaubt, daß ihrem Kind etwas gelingt, gelingt es ihm auch. Die Erwartungen der Umgebung sind entscheidend dafür, wie wir uns entwickeln und was wir uns zutrauen.

Die Mutter des Arztes ist in einem Elternhaus mit dem entgegengesetzten Kräfteverhältnis aufgewachsen. In der Familie ist es traditionsgemäß der Mann/Vater, der dominiert. Er ist das Oberhaupt der Familie, das alle Beschlüsse faßt und alle praktischen Dinge erledigt. Die Mutter dagegen ist abhängig und unselbständig. Wenn ihre Tochter – die Mutter des Arztes – ein eigenes Kind bekommt, schreibt sie unbewußt ihrem Sohn die gleiche Stärke zu, die sie bei ihrem Vater erlebt hat. Sie hält es für selbstverständlich, daß der Sohn imstande ist, sich zu helfen, und daß er Fähigkeiten und Kraft genug hat, um auch anderen zu helfen.

Der Psychologe kennt die Trauer

Der Psychologe, dessen Aufgabe es ist, Menschen in Krisen zu helfen, hat häufig selbst in einem frühen Alter Verlust, Trauer und Krisen erlebt. Das gleiche gilt für seine Eltern. Vielleicht stammt daher sein Wunsch nach größerem Wissen darüber, wie man persönliche Krisen verarbeitet oder anderen bei ihrer Bewältigung hilft.

Von 51 Psychologen hatten zehn, also jeder fünfte, in ihrer Kindheit den Vater verloren. Einer hatte beide Eltern verloren. Keiner von ihnen hatte jedoch die Mutter verloren und den Vater behalten. Das bedeutet, daß jeder fünfte Psychologe vor seinem fünfzehnten Lebensjahr einen großen persönlichen Verlust erlitten hat und wahrscheinlich in einem weiblich dominierten Elternhaus aufgewachsen ist oder jedenfalls unbewußt den Eindruck bekommen hat, daß Frauen stärker sind als Männer.

Geht man eine Generation zurück, haben auch die Eltern relativ häufig früh ein Elternteil verloren. Unter insgesamt 44 Vätern waren fünf, die ihre Mutter verloren, aber ihren Vater behalten haben, und sieben, die den Vater verloren und die Mutter behalten haben. Einer hatte beide verloren. Das heißt, beinahe jeder dritte Vater hatte zu einem frühen

Zeitpunkt eine große Trauer erlebt. Auch bei den Müttern besteht ein auffallend hoher Elternverlust. Von 49 haben insgesamt zehn ein oder beide Elternteile verloren. Drei haben beide verloren, drei ihre Mutter und vier ihren Vater.

Die Zahlen für Elternverlust sind bemerkenswert hoch, wenn man bedenkt, daß die Psychologen im Vergleich zu den Pastoren, deren Beruf man über Jahrhunderte hinweg zurückverfolgen kann, einem jungen Fach und somit einer Zeit angehören, in der hohe Elternverluste seltener vorkommen.

Was die Geschwisterposition der Psychologen betrifft, ist bemerkenswert, daß sie mehr als doppelt so häufig kleiner Bruder waren als großer Bruder. Unter den 51 Psychologen waren sieben Einzelkinder, 14 waren im älteren Drittel der Geschwisterreihe geboren, zwei im mittleren und 28 im jüngsten Drittel. Zwölf waren Erst- und 22 Letztgeborene.

Die Plazierung des Psychologen entweder als Einzelkind oder als kleiner Bruder paßt gut zu der Tatsache, daß man bei Einzelkindern und Nachkömmlingen oft ein besonders hochentwickeltes Beobachtungsvermögen für das Verhalten anderer feststellen kann und daß sie viel Zeit darauf verwenden, andere zu betrachten und sich darüber zu wundern, warum sie sich so oder so verhalten.

Während die untersuchten Pastoren, die ja auch als Seelsorger und Ratgeber fungierten, typische große Brüder in vaterdominierten Familien waren, stammten die Psychologen aus mutterdominierten Familien. Aber gleichzeitig ist charakteristisch, daß sowohl die Mütter als auch die Väter überwiegend Geschwister des anderen Geschlechts um sich herum hatten. Bei den Vätern waren es beispielsweise 28, die einen Bruder unmittelbar vor sich oder unmittelbar nach sich hatten, während 32 eine Schwester unmittelbar vor sich oder nach sich hatten. Bei den Müttern waren 40 von Brüdern umgeben, während 30 eine Schwester unmittelbar vor oder nach sich in der Geschwisterreihe hatten. Daher stammt vielleicht die Gabe des Psychologen, nicht nur die

Probleme seines eigenen Geschlechts beurteilen, sondern sich auch in die Lage des anderen Geschlechts versetzen zu können.

Die Psychologin versteht Männer

Der Familienhintergrund der Psychologin unterscheidet sich in verschiedenen Bereichen markant von dem ihres männlichen Kollegen. Aber es ist bemerkenswert, daß sie wie er frühe Verluste und frühe Trauer erlebt hat.

Im Unterschied zu ihrem männlichen Kollegen ist sie häufiger im oberen Altersdrittel ihrer Geschwisterreihe zu finden. Von 54 Psychologinnen waren neun Einzelkinder, und die Verteilung auf die Altersdrittel ergab 20 im oberen, 13 im mittleren und zwölf im jüngsten Altersdrittel. Hierbei standen 17 Erstgeborene nur acht Letztgeborenen gegenüber. Wenn es sich auch nur um geringes Datenmaterial handelt, ist doch eine klare Tendenz zu erkennen.

Die Verteilung bietet im Grund keine großen Überraschungen, denn die Arbeit als Psychologin gibt der großen Schwester reiche Möglichkeiten, ihre Rolle weiterzuführen.

Wie ihr männlicher Kollege hat die Psychologin gute Voraussetzungen, das entgegengesetzte Geschlecht zu verstehen, und aufgrund ihres Familienhintergrunds sieht sie die Dinge nicht ausschließlich aus Frauensicht. Das hängt unter anderem damit zusammen, daß sie in der Geschwisterreihe häufiger von Brüdern umgeben ist als von Schwestern. So hatten 37 einen Bruder unmittelbar vor oder nach sich, gegenüber 28, die eine Schwester vor oder nach sich hatten. In den Geschwisterreihen beider Eltern liegt ebenfalls eine Überrepräsentation des anderen Geschlechts vor. Der gute Kontakt der Psychologin zu Männern kann auch auf den Einfluß der Großelterngeneration zurückgeführt werden. Dabei fällt ins Auge, daß beide Großväter in ihren Geschwisterreihen weit oben rangierten. Der Großvater väterlicherseits war sechsmal häufiger großer Bruder als kleiner Bruder, und der Großvater mütterlicherseits war siebenmal häufiger großer Bruder als kleiner Bruder. Während der Psychologe vom weiblichen Einfluß, insbesondere dem der Mutter geprägt zu sein scheint, kommt seine Kollegin aus einer Familie mit einflußreichen und starken Großeltern.

Elternverlust und frühe Trauer sind auch ein fester Bestandteil im Familienhintergrund vieler Psychologinnen. Zehn von insgesamt 54 Psychologinnen verloren beispielsweise ein Elternteil oder beide schon in ihrer Kindheit. Vier verloren die Mutter, fünf den Vater, und eine verlor beide. Die Verluste waren bei den Eltern noch höher; ungefähr 30 Prozent der Väter und über 25 Prozent der Mütter von Psychologinnen erlebten im Verlauf ihrer Kindheit einen Elternverlust. Von insgesamt 45 Vätern verloren sieben ihre Mutter, was als ein weiteres Beispiel für die väterliche Dominanz in der Familie der Psychologin gelten kann. Drei verloren den Vater, und vier verloren beide Eltern. Von 44 Müttern verloren vier die Mutter, sieben den Vater und eine beide Eltern.

Frühe Elternverluste sind nicht nur charakteristisch für Psychologen, sondern auch für verwandte Berufe wie Psychiater und Fachärzte; auch bei ihnen ist vermutlich eine frühe Krise oder Trauer über einen Todesfall mitbestimmend für die Wahl eines heilenden Berufs.

Unter 234 Fachärzten waren zum Beispiel 19, die ihre Mutter verloren hatten, 15 hatten den Vater verloren, vier beide Eltern, was zusammen 16 Prozent ausmacht. Von 180 Vätern von Fachärzten hatten 43 Prozent ein Elternteil oder beide verloren, und von 153 hatten knapp 30 Prozent einen Elternverlust erlitten.

Die Sozialpädagogin – eine große Schwester

Nicht nur die Sozialpädagogin ist eine große Schwester. Ihre Mutter ist es ebenso, und so ist es wenig verwunderlich, daß sie auch in ihrer Arbeit die Rolle der verantwortlichen großen Schwester beibehält. Zum Glück fügt sie häufig noch eine gute Portion mütterlicher Fürsorglichkeit hinzu, so daß ihre ansonsten dominierende Art für ihre Klienten leichter zu ertragen ist.

Von 41 untersuchten Sozialpädagoginnen waren zwei Einzelkinder, 23 gehörten dem ältesten Drittel der Geschwisterreihe an, sechs dem mittleren und zehn dem jüngsten; 19 waren Erstgeborene, aber 23 waren das älteste Mädchen der Familie gegenüber sieben jüngsten Mädchen. Sie hatten häufiger Schwestern als Brüder um sich, und verstärkt wurde die weibliche Dominanz noch dadurch, daß zehn in ihrer Kindheit oder Jugend den Vater verloren, während alle die Mutter behielten.

Von den Müttern der Sozialpädagoginnen gehörten 20 dem ältesten Drittel der Geschwisterreihe an, während sieben dem jüngsten angehörten. Die Mutter hatte auch häufiger eine Schwester vor oder hinter sich als einen Bruder.

Die Krankenschwester ist auch Technikerin

Die Krankenschwester begibt sich wie die Sozialpädagogin in eine traditionelle Frauenrolle, wo Pflege und Fürsorge für andere im Mittelpunkt stehen. Aber ihre Rollen sind dennoch so verschieden wie ihr Hintergrund. Die Sozialpädagogin, die als große Schwester ein wenig von einem eingefleischten Paragraphenreiter an sich haben kann, ist oft sehr interessiert an Psychologie und hat eine ausgeprägte Fähigkeit, sich in die Situation anderer, besonders Frauen, zu versetzen. Sie ist ja häufiger von Frauen umgeben und mit Frauen aufgewachsen als mit Männern. Die Krankenschwester dagegen ist in einer stärker maskulin geprägten Welt aufgewachsen, was sich auch in ihrer Arbeit zeigt. Zwar interessiert sie sich wie die Sozialpädagogin häufig für Psychologie, aber gleichzeitig ist sie in nicht geringem Maß Chemikerin und Technikerin. Sie mißt Medikamentendosen ab, zeichnet Fieberkurven, anästhesiert und ist grundsätzlich sehr mit Hygiene und der Wirkung und Zusammensetzung verschiedener Stoffe beschäftigt.

Die Krankenschwester scheint keine bestimmte Position in der Geschwisterreihe zu haben. Unter 120 Krankenschwestern waren lediglich vier Einzelkinder; die Verteilung auf die Altersdrittel war 42 im ältesten, 37 im mittleren und 37 im jüngsten.

Während keine der Sozialpädagoginnen ihre Mutter verloren hatte, hatten die Krankenschwestern häufiger die Mutter als den Vater verloren: acht gegenüber fünf. Unter den Eltern der Krankenschwestern sind ebenso viele, die ihre Mutter, wie solche, die ihren Vater verloren, was markant von der Verteilung in der Bevölkerung allgemein abweicht, wo der Verlust des Vaters das üblichste ist. Bei den Großmüttern ist dies noch auffallender. Von insgesamt 36 Großmüttern hatten zwölf, also jede dritte, ihre Mutter verloren, aber den Vater behalten. Nur einer war der Vater früh gestorben.

Die männliche Dominanz im Hintergrund der Krankenschwestern ist nicht nur darauf zurückzuführen, daß ein verhältnismäßig großer Teil der Kinder ohne Mutter aufwuchsen und sich deshalb am Vater orientieren mußten, sondern auch darauf, daß es unter den Männern der Familie ein deutliches Übergewicht an Erstgeborenen gab. Von 47 Großvätern väterlicherseits waren 16 Erstgeborene gegenüber drei Jüngsten, und unter 45 Großvätern mütterlicherseits waren 20 Erstgeborene gegenüber acht Jüngsten, was eine klare maskuline Dominanz ergibt. Zusammen ergeben die beiden Gruppen ein Verhältnis von 36 zu 11.

Die männliche Dominanz wurde durch die Position der Großmütter mütterlicherseits verstärkt, bei denen von 48 nur vier Erstgeborene waren, gegenüber 21 Letztgeborenen; bei den Großeltern war also die Rolle des Mannes als großer Bruder und die der Frau als kleine Schwester sehr ausgeprägt. Die Mutter sah in ihrer Tochter ihre «Kleine-Schwester-Mutter», was dazu führte, daß diese in eine untergeordnete Rolle gedrängt wurde. Die Mutter fand es wohl ganz natürlich, daß die Tochter als Schwesternschülerin anfing, statt beispielsweise ein Medizinstudium zu beginnen.

Bezeichnenderweise kommen Ärztinnen oft aus weiblich dominierten Familien, in denen sowohl die Mütter als auch die Großmütter große Schwestern waren. Die Mutter der Ärztin sieht deshalb in der Tochter ihre eigene starke Mutter und verhilft ihr durch ihre höheren Erwartungen unbewußt zu einem höheren Selbstvertrauen.

Der kreative Architekt

Wie die Krankenschwester kommt der Architekt oft aus einer Familie mit starken Männern. Zu diesem Hintergrund gehört eine Großmutter väterlicherseits, die in frühem Alter ihre Mutter verloren, doch ihren Vater behalten hat.

Bei den 46 untersuchten Architekten, ausschließlich Männern, fand sich nichts Auffallendes in der eigenen Geschwisterreihe. Sie verteilten sich gleichmäßig. Ihre Mütter und Großmütter mütterlicherseits lagen dagegen oft im unteren Bereich, während ihre Väter und Urgroßväter väterlicherseits im oberen Bereich zu finden waren. Von 33 Vätern waren beispielsweise 22 aus dem Drittel der Ältesten und nur drei aus dem der Jüngsten. Und unter den Urgroßvätern standen neun Erstgeborene einem Letztgeborenen gegenüber.

Da die Großmutter väterlicherseits oft ihre Mutter verloren, aber ihren Vater behalten hatte – sechs insgesamt und keine mit der umgekehrten Konstellation –, ergab sich aufs Ganze gesehen ein Familienhintergrund mit maskuliner Dominanz, die in der Familie wahrscheinlich eine generell kühle Atmosphäre bewirkte. Es fehlte an mütterlicher Wärme. Dies manifestiert sich in der Arbeit des Architekten. Zwar gehört sie zu den kreativen Berufen, doch ist der Architekt nicht nur künstlerisch und kreativ. Er muß auch nüchtern und kühl sein und mit mathematischer Präzision arbeiten, wenn seine Projekte realisiert werden sollen.

Geschäftsmann und Kämpfertyp

Manche Geschäftsleute haben eine erstaunliche Fähigkeit, sich in ungewöhnlich kurzer Zeit ein Vermögen zu erwerben. Und wenn sie es verlieren, dauert es in der Regel nicht lange, bis sie nach einem raschen Comeback wieder die Bühne betreten, oft als Mitwirkende in einem ganz anderen Stück, das sich indessen auch wieder als Kassenerfolg herausstellt.

Dieses ausgeprägte Talent ist als Auswahlkriterium für insgesamt 61 wirtschaftlich erfolgreiche Geschäftsleute benutzt worden, deren Familienhintergrund im folgenden geschildert wird.

Der Geschäftsmann ist oft ein willensstarker großer Bruder, der es gewohnt ist, zu bestimmen und Entscheidungen zu treffen. Jeder dritte – insgesamt 20 – war Erstgeborener, nur sechs dagegen waren der jüngste Junge der Familie. Insgesamt drei waren Einzelkinder. Beide Eltern kamen ebenfalls aus dem oberen Drittel der Altersskala ihrer Geschwisterreihen. Von 47 Vätern waren 19 Erstgeborene, zehn waren der jüngste Junge. Unter 35 Müttern waren 19 aus dem oberen Drittel gegenüber sechs aus dem unteren. Im Unterschied zu Berufsgruppen wie Psychologen und Fachärzte hatten die Eltern in ihrer Jugend keinen Elternverlust erlitten.

Ging man mehrere Generationen in der Familie zurück, setzte sich die Dominanz der Erstgeborenen fort. Überdies war charakteristisch, daß Brüder um die Hauptpersonen herum in der Überzahl waren. Von 14 Großvätern väterlicherseits waren sieben der älteste Sohn der Familie, keiner war der jüngste. 16 hatten als nächstes Geschwister einen Bruder, nur sechs eine Schwester.

Die Großmütter väterlicherseits lagen ebenfalls im oberen Teil der Geschwisterreihe, neun im ältesten Drittel, zwei im jüngsten. Auch sie waren von Brüdern umgeben: Zehn hatten einen Bruder vor sich, zwei eine Schwester. Zwölf hatten einen Bruder nach sich, fünf eine Schwester. Hier zeigt sich ein interessanter Gegensatz zu einer anderen Anführerfigur, der allerdings mehr an geistigem als an materiellem Reichtum gelegen ist: dem Pastor, dessen Großmutter väterlicherseits statistisch häufiger von Schwestern als von Brüdern umgeben ist.

Unter den Urgroßvätern mütterlicherseits ist ebenfalls ein Übergewicht an Brüdern auszumachen. Von 13 haben allein elf einen Bruder vor sich, nur einer eine Schwester, und zehn haben einen Bruder nach sich, nur zwei dagegen eine Schwester.

Der erfolgreiche Geschäftsmann, in dessen Familienhintergrund eine Dominanz von Erstgeborenen und ein Übergewicht von Brüdern ins Auge fallen, ist somit in einer wettbewerbsorientierten Atmosphäre aufgewachsen und wird deshalb nicht selten ein Kämpfertyp. Diese Tendenz wird noch dadurch verstärkt, daß er als der älteste Sohn oder einer der ältesten der Familie Einblick in die wirtschaftliche Situation der Familie bekommen hat, unter anderem weil er sich gründlich mit der Verteilung der Güter befaßt und sicher dafür gesorgt hat, daß die Jüngeren nicht vor ihm an die Reihe kamen. Auch wenn kein Eigentum in der Familie ist, das er übernehmen könnte, so wird der älteste Sohn dennoch unbewußt dazu erzogen, den Besitz, das Geschäft und die Tradition der Familie zu bewahren und weiterzuführen.

Nicht nur Pastoren, Psychologen, Sozialpädagoginnen, Krankenpflegerinnen, Ärzte und Ärztinnen und Geschäftsleute sind in der Wahl ihres Berufs von ihrem Familienhintergrund entscheidend geprägt worden; auch für andere Berufsgruppen hat Oluf Martensen-Larsen von der Familienkonstellation ableitbare und statistisch gesicherte Charakteristiken gefunden, die seine These untermauern.

14 Alkoholismus

Wie der Familienhintergrund sich auf die Wahl des Ausbildungsgangs und des Berufs auswirkt, scheint er auch oft von Bedeutung dafür, ob man für so unterschiedliche Phänomene wie Alkoholismus oder Homosexualität disponiert ist. Für jede dieser Gruppen gibt es eine Reihe charakteristischer Merkmale im Familienhintergrund, die sich wiederholen und die dazu beigetragen haben, die Persönlichkeit in eben jene Richtung hin zu formen.

Wir betrachten zunächst die Alkoholiker, denn mit keiner anderen Gruppe hat Oluf Martensen-Larsen annähernd große Erfahrung gesammelt.

Oluf Martensen-Larsen hat im Lauf der Jahre über 4000 Alkoholiker behandelt, teils in der eigenen Praxis, teils in einer Alkoholklinik in Helsingborg (Schweden). Er war der erste Arzt in Dänemark, der bei der Behandlung von Alkoholikern mit Gruppen- und Familientherapie arbeitete. Statt die Patienten einzeln zu betreuen, sammelte er sie in Sechsergruppen. Dabei stellte er bald fest, daß sie häufig imstande waren, sich gegenseitig in bestimmten Bereichen zu helfen und zu stützen, die ihm als professionellem Therapeuten unzugänglich blieben.

Im Rahmen der individuellen Therapie begann er 1951, Familienübersichten von Alkoholikern und ihren Partnern anzulegen. Diese Vorgehensweise, die den Hintergrund für seine gesamte spätere Arbeit bildete, entstand indessen eher durch einen Zufall, nämlich durch die beiläufige Bemerkung eines norwegischen Mitarbeiters, des Psychologen Kaare Jarlo.

«Hast du einmal darauf geachtet, daß auffallend viele männliche Alkoholiker Einzelkind sind?» hatte Jarlo gefragt.

«Nein, es sind eher kleine Brüder», hatte Oluf Martensen-Larsen spontan geantwortet.

Dies gab den Anstoß zu statistischen Untersuchungen. Kaare Jarlo ist Einzelkind und Oluf Martensen-Larsen kleiner Bruder, also hatte wohl jeder ein besonderes Augenmerk auf die männlichen Alkoholiker mit der gleichen Geschwisterposition geworfen wie er selbst.

Heute, viele Jahre und lange Statistiken danach, lautet die Schlußfolgerung: Beide hatten recht. Sowohl Einzelkinder als auch kleine Brüder sind unter männlichen Alkoholikern überrepräsentiert.

Einhundertachtzig Prozent perfekt

Alkoholismus ist ein so komplexes Problem mit so vielen ungelösten Rätseln, daß die Geschwisterposition und der Familienhintergrund lediglich zwei der zahlreichen Faktoren sind, die zusammenspielen und bewirken, daß manche Menschen Alkoholiker werden, während andere das Problem nie haben. Glücklicherweise werden ja nicht alle Einzelkinder und kleinen Brüder Alkoholiker, und selbstverständlich kann es auch den großen oder den mittleren Bruder treffen. Dennoch gibt es eine Reihe ganz typischer gemeinsamer Merkmale, die in dem umfangreichen Material immer wiederkehren, das Oluf Martensen-Larsen im Lauf der Jahre gesammelt hat und das die Grundlage für die folgende Skizze des männlichen Alkoholikers darstellt.

Er will zu hundertachtzig Prozent perfekt sein. Und selbst wenn er tüchtiger ist als die meisten, so erreicht er vielleicht nur hundertfünfzig Prozent und ist deshalb ewig unzufrieden mit sich selbst, fühlt sich unzulänglich und nie gut genug. Er ist häufig sehr leistungsfixiert und von Angst gequält. Der Alkohol hilft ihm, Angst und Unzufriedenheit zu betäuben. Für eine Weile gibt ihm der Alkohol das Gefühl, daß er nicht nur hundertachtzig, sondern ganze zweihundert Prozent ist. Er ist, wie er gern sein möchte. Er ist obenauf. Glaubt er.

Nicht ohne Grund stellt der männliche Alkoholiker hohe Anforderungen an sich selbst. Das hat die Umgebung nämlich auch immer getan und nicht nur bei ihm, sondern auch bei seinen Eltern. Er kommt typischerweise aus einer Familie, in der die Mutter eine starke, verantwortungsvolle und dominierende große Schwester war, die selbst nie Kind sein durfte, sondern früh im Leben eine Reihe wichtiger Pflichten und Aufgaben aufgebürdet bekam.

Sein Vater hatte häufig einen oberen Platz in der Geschwisterreihe inne und war von Brüdern umgeben, was ihn zu Höchstleistungen anspornte – ein Druck, den er an seinen Sohn weitergab.

Eine weitere Generation zurück war ebenfalls oft ein klares Übergewicht an verantwortungsbewußten und kritischen Erstgeborenen oder zumindest Frühgeborenen vorhanden. Oft kamen die Großeltern aus großen Geschwisterreihen und waren deshalb in um so ausgeprägterer Form die Ältesten. Alles in allem bedeutet dies, daß der männliche Alkoholiker mit mehreren Generationen von großen Geschwistern hinter sich aufgewachsen ist, lauter tüchtigen und energischen Menschen, die an sich selbst und an andere hohe Forderungen stellten und so hohe Erwartungen an den kleinen Bruder hatten, daß er beim besten Willen keine Chance hatte, ihnen allen zu entsprechen.

Besonders schwer wurde es ihm dadurch gemacht, daß sie ihm zwar einerseits all ihre Erwartungen präsentierten, ihm anderseits aber kaum Gelegenheit gaben, aktiv zu werden, jedenfalls nicht auf seine Art und Weise. Um die Konsequenzen dieser speziellen Familiendynamik zu verstehen, muß man ein wenig genauer die dahinterliegenden Triebkräfte anschauen. Betrachten wir zuerst seine Mutter.

Sie war, wie schon gesagt, in den meisten Fällen eine effektive und dominierende große Schwester, und zwar deshalb, weil sie ihre ganze Kindheit hindurch dazu gezwungen war. Sie war die Älteste, also wurde sie zu Hause als Mitarbeiterin gebraucht. Zunächst gebraucht, später mißbraucht. Die anderen Kinder hätten ja ebensogut eigene Aufgaben übernehmen können, aber sie bekamen sie nicht in annähernd angemessenem Grad. Es ist für Eltern nun einmal bequemer, das Kind zu benutzen, das bereits angelernt ist, statt ständig neue anzulernen. Die folgende typische Szene aus dem arbeitsreichen Alltag einer Halbwüchsigen mag zur Erklärung dessen beitragen, warum sie geworden ist, wie sie ist.

Beide Eltern sind zur Arbeit, sie ist gerade aus der Schule gekommen, soll nun auf ihre jüngeren Geschwister aufpassen und gleichzeitig dafür sorgen, daß es einigermaßen ordentlich und sauber ist, wenn die Eltern nach Hause kommen.

«Los, aufs Sofa mit euch, Rasselbande!» ertönt ihr lautes und unmißverständliches Kommando an die jüngeren Geschwister, die sich aufs Sofa stürzen, während sie den Staubsauger holt. So macht sie es immer, denn dann hat sie die Rasselbande unter Kontrolle, hat Platz, die Wohnung aufzuräumen, und ist außerdem sicher, daß es ordentlich gemacht ist. Man kann sich nie auf die Kleinen verlassen. Sie machen es nie so, wie es sein soll. Also macht sie es am besten selbst, denn sie weiß, wie es gemacht wird, was sie der Rasselbande auf dem Sofa natürlich unter die Nase reibt, während sie schuftet und regiert.

Die Einstellung, daß Dinge auf eine ganz bestimmte Art und Weise erledigt werden müssen und daß sie die einzige ist, die es wirklich richtig macht, setzt sich so fest in ihr, daß sie sich auch nicht davon lösen kann, wenn sie selber Kinder hat. Sie hat nie gelernt, Aufgaben an ihre kleinen Geschwister zu delegieren, und kann deshalb auch an ihre eigenen Kinder Verantwortung und Arbeit nicht delegieren. Zwar bekommen sie Anweisung, Dinge so und so zu tun, doch wenn sie anfangen, dauert es nicht lange, bis die Mutter sich einmischt und ihnen alles aus der Hand nimmt. Sie glaubt nicht recht daran, daß sie es können, und gibt ihnen auch keine Chance, es zu beweisen, sondern gibt ihnen das Gefühl, unfähig zu sein. Am meisten betroffen sind Einzelkinder und der kleinste Junge der Familie, denn weil sie selbst große Schwester ist, hat sie weitaus mehr Vertrauen zu einer eventuell ältesten Tochter und wird ihr die größte Verantwortung übertragen. An den jüngsten Jungen glaubt sie am wenigsten, und er ist deshalb derjenige, dem sie am wenigsten Selbstvertrauen mitgibt. Im Vergleich zur großen Schwester darf er im Freilauf fahren. Das ist jedoch nicht gut für ihn.

Das Handlungsmuster der Mutter kann auf die Jugend ihrer eigenen Mutter zurückgeführt werden. Ihre Mutter war nämlich auch häufig das älteste Mädchen der Familie, und außerdem war sie – auch dies ist typisch – von Brüdern umgeben, ein Hintergrund, der sie effektiv, aufgeschlossen und dominierend gemacht hat. Sie mußte sich ja nicht nur gegenüber den Brüdern behaupten, sondern hat als das älteste, «vernünftige» Mädchen sicher mehr als den ihr gemäßen Anteil an Verantwortung und Pflichten getragen. Die Botschaft der Mutter an die älteste Tochter – also an die Mutter des Alkoholikers –, daß sie als die Älteste und «ihr großes, vernünftiges, tüchtiges Mädchen» darauf achten soll, daß die Kleinen nicht zu sehr aus der Reihe tanzen und daß der Haushalt in einer bestimmten Weise geführt wird, prägte sich tief ein. Die Tochter gab die Botschaft unwillkürlich an ihren jüngsten Sohn weiter: «Du sollst dies und jenes tun, ich erwarte dies und jenes.» Aber sie brachte nicht die Geduld auf, ihm Zeit und Ruhe zu lassen, die Dinge richtig zu tun. Im Innersten glaubte sie nicht recht daran, daß er es überhaupt kann. Die strikten und hohen Forderungen ihrer eigenen Mutter nach Perfektion leben in ihr weiter. Meistens bleiben sie auf der Ebene des Unbewußten, aber dann und wann kommen sie an die Oberfläche.

Die Mutter ruft an und teilt mit, daß sie am Wochenende zu Besuch kommen will – und die Tochter stürzt sich wie gewöhnlich in eine wahre Putzorgie. Es soll auf keinen Fall etwas an ihrer Wohnung auszusetzen sein. Nein, wie unangenehm das wäre! Und wie enttäuscht die Mutter sein würde. Die Kinder erhalten natürlich strenge Order, ihre Zimmer aufzuräumen, machen aber wie üblich nichts so, wie es sich gehört. Sie pfuschen nämlich bei den Details. Gehen nicht richtig in die Ecken und Winkel, also muß sie eben selbst wieder...

Dieses Beispiel stammt aus der häuslichen Sphäre. Doch ganz gleich, ob es sich um Arbeit im Haushalt oder um Aufgaben außerhalb handelt, die Haltung wird die gleiche sein, und das Streben nach Perfektion wird sich in beiden Fällen geltend machen. Es ist also nicht von entscheidender Bedeutung, ob die Mutter zu Hause ist oder nicht, sondern mit welchen Forderungen ihrerseits, seitens des Vaters oder seitens der Großmutter usw. der Sohn konfrontiert wird. Betrachten wir nun die Männertypen der Familie etwas eingehender.

Vater will Resultate sehen

Der Vater des Alkoholikers ist ein Mann, der Resultate sehen will. Seine Erwartungen und Forderungen an die Kinder sind turmhoch, und da der jüngste Sohn häufig derjenige ist, den er am wenigsten versteht, tut auch er das Seine dazu, daß der kleine Bruder das Gefühl hat, ein Versager zu sein.

Der Vater ist besonders wettbewerbsorientiert, weil er als oft älterer unter mehreren Brüdern unter stärkerem Druck aufgewachsen ist als die meisten anderen. Häufig ist er durch einen fixen jüngeren Bruder hinter sich bedrängt gewesen oder ist selbst einem großen Bruder vor sich auf den Fersen gefolgt, den er unentwegt zu überholen versucht hat. Da beide Eltern, insbesondere seine Mutter, in ihren Geschwisterreihen einen oberen Rang eingenommen haben und da beide starke Persönlichkeiten waren, ist der Vater des Alkoholikers sowohl seitens der Eltern als auch der Brüder übermäßig gefordert worden.

Wenn ein Mann aus einer derart streberischen Familie selbst Vater wird, gibt er oft unbewußt einen Großteil seiner eigenen Ambitionen an seine Kinder weiter. Bei seinem ältesten, leistungsorientierten Sohn kann er damit vielleicht Erfolg haben, auch wenn oft ein gespanntes Verhältnis zwischen ihnen bestehen dürfte, denn beide sind rechthaberisch und gewohnt, zu bestimmen.

Es funktioniert aber auf keinen Fall, wenn der Sohn ein Einzelkind ist oder das jüngste Kind der Familie – ein Mensch allein ist schlicht und einfach nicht in der Lage, all den Anforderungen zu genügen, und der jüngste Sohn ist der, den der Vater von allen Söhnen am wenigsten versteht, besonders dann, wenn auch sein eigener Vater ein großer Bruder war oder wenn ein paar größere Schwestern da sind. Wenn der kleinste Junge unmittelbar nach Schwestern kommt, wird er von ganz anderer und weicherer Natur sein als der Vater, der unter Brüdern und mit pausenlosen Machtkämpfen aufwuchs.

Selbst wenn der Vater es versuchte, würde es ihm kaum gelingen, besonders viel Verständnis oder Respekt für seinen jüngsten Sohn aufzubringen, denn er ist zusätzlich dadurch gehandikapt, daß Männer, die von Brüdern umgeben sind, oft ein schlechteres Einfühlungsvermögen haben als Männer mit Schwestern. Der letztgenannte Männertyp wird auch nicht annähernd so materialistisch oder leistungsorientiert.

Was die Aufgabenverteilung an seinen jüngsten Sohn betrifft, wird er genau wie seine Frau grundsätzlich die entgegengesetzten Signale und Botschaften aussenden. «Ich erwarte, daß du dies und jenes tust», sagt er. Aber er sagt es in einem Tonfall, der zeigt, daß er nicht glaubt, daß der Sohn dazu fähig ist, woraufhin er ebenso wie die Mutter des Jungen eingreift und die Dinge selbst in die Hand nimmt.

Wenn der Vater einen zurückhaltenden und schwachen kleinen Bruder gehabt hat, ist das Verhältnis noch schwieriger. Seine Zweifel sind noch stärker, und er versteht seinen «weichlichen» Sohn noch weniger, da er über ihn genauso stark und gnadenlos herrscht wie in der Kindheit über seinen kleinen Bruder.

Wenn der Vater hingegen in seiner Kindheit sehr unterdrückt war und als Erwachsener weder seine eigenen noch die Erwartungen des großen Bruders, der großen Schwester oder der Eltern hat erfüllen können, kann auch er beim Alkohol Zuflucht gesucht haben, um seine Angst und sein Gefühl der Unzulänglichkeit zu betäuben, und gibt dem Sohn auf diese Weise ein Verhaltensmodell vor. Das ist nicht immer so, aber auch durchaus nicht selten, auch wenn der Vater selten in dem Maße alkoholabhängig ist wie der Sohn.

Alle Kinder brauchen Verantwortung

Der kleine Bruder und das Einzelkind laufen nicht nur besonders Gefahr, jeglicher Verantwortung und Pflichten enthoben zu werden. Sie laufen auch Gefahr, in einem stärkeren Abhängigkeitsverhältnis den Eltern gegenüber gefangen zu sein, als es bei anderen Kindern der Fall ist. Einzelkinder und letztgeborene Jungen und Mädchen führen in einigen Familien ein ausgesprochen behütetes Dasein und haben deshalb größere Probleme, sich aus der Abhängigkeit zu befreien als andere. Die Eltern zögern die Loslösung oft unbewußt hinaus. Denn es gibt ja keinen Ersatz. Der gute Grundsatz «So schnell wie möglich aus dem Nest» sollte deshalb in besonderem Maße für die jüngsten Kinder wie auch für Einzelkinder gelten.

In der Erziehung von Letztgeborenen und Einzelkindern ist es überhaupt besonders wichtig, dafür zu sorgen, daß sie genausoviel Verantwortung und die gleichen Pflichten erhalten wie andere Kinder gleichen Alters. Sonst entwickeln sie nicht genug Selbstvertrauen und Glauben an die eigenen

Fähigkeiten. Anstatt zu sagen: «Du kannst ja sowieso nicht ordentlich dein Zimmer aufräumen, und da es schön aussehen soll, wenn Oma und Opa kommen, muß ich es wohl selber machen», ist es klüger, sie die Aufgabe selbst lösen zu lassen – auf ihre eigene Weise. Wer sagt denn, daß ihre Methode unbedingt schlechter sein muß als die vorgegebene?

Auch wenn diese Art von Ratschlägen nur für das Kinderzimmer oder innerhalb der eigenen vier Wände der Familie gelten, zeigt der Effekt sich bis weit außerhalb des Hauses und der Familie.

Wenn ein Kind immer nur hört: «So und so wird es gemacht», aber der Aufgabe nicht gewachsen ist, weil ihm nie erlaubt wird, sie anzugehen, wird es ein tief verwurzeltes Gefühl entwickeln, ein Versager zu sein. Menschen, die nach und nach mit steigenden, aber realistischen Erwartungen konfrontiert werden und deshalb in der Lage sind, zunehmend schwierigere Aufgaben zu lösen, entwickeln einen ganz anderen Glauben an die eigenen Fähigkeiten und eine weit größere Arbeitsfreude.

Der Alkoholiker findet in der Ehe seine Mutter wieder

Statistiken über die Familienverhältnisse männlicher Alkoholiker zeigen unter anderem, daß diese sich häufig mit einer Frau verheiraten, die wie ihre Mutter eine große Schwester ist. Damit erneuern sie unbewußt das Muster aus der Kindheit und sorgen dafür, daß erneut eine tatkräftige Frau zur Stelle ist, die die Hausaufgaben für sie macht.

Der Familienhintergrund der Ehefrau des Alkoholikers ist meist ebenfalls vom Gegensatz «schwach–stark» geprägt. Sie hatte oftmals einen starken Großvater und eine schwache Großmutter väterlicherseits und eine starke Großmutter mütterlicherseits sowie einen Großvater, der entweder viel schwächer war oder der eventuell sogar zu einem sehr frühen Zeitpunkt ausfiel oder starb.

Das Männerbild der Ehefrauen von Alkoholikern ist oft

gespalten: Der Großvater väterlicherseits war häufig ausgesprochen effizient, mit einer nicht-dominierenden Frau verheiratet, während ihr Großvater mütterlicherseits Alkoholprobleme hatte oder in der Familie selten präsent war, möglicherweise war er viel auf Reisen. Die Großmutter mußte deshalb die Familie allein führen und hatte die Verantwortung für alles Praktische und die Atmosphäre im Haus.

Die Ehefrau des Alkoholikers findet diese beiden Extreme in ihrem Mann wieder, das eine, wenn er trocken ist und dynamisch, das andere, wenn er zusammenbricht und seiner Sucht nachgibt, so daß sie mit der ganzen Verantwortgung allein dasteht.

Mit ihrem Familienhintergrund und durch ihre Ehe läuft sie Gefahr, in zwei nicht gerade erstrebenswerten Rollen zu enden, aber glücklicherweise geschieht das durchaus nicht immer. Allerdings besteht das Risiko, daß sie sich zur ewig leidenden Märtyrerin entwickelt, was selbstverständlich für ihre Umgebung schlimm ist, doch am schlimmsten ist es für sie selbst.

Der Mann wird hingegen zum Verlierer, wenn das Kräfteverhältnis zwischen ihnen so ungleich wird, daß die Partnerin ins gegenteilige Extrem – die scheinbar nicht unterzukriegende Ehefrau – verfällt, die als einzige auf der Welt an ihren labilen Mann glaubt und unermüdlich daran arbeitet, ihn von seiner Sucht zu heilen. So sieht es jedenfalls an der Oberfläche aus. In Wirklichkeit ist es aber viel komplexer. Selbst wenn sie vielleicht aufrichtig wünscht, daß er von der Sucht loskommt, fühlt sie sich in einer Ehe kaum wohl, in der beide gleichgestellt sind. Sie fühlt sich ja gerade von ihm angezogen, weil er sie und ihren ganzen allzeit bereiten Große-Schwester-Hilfsapparat braucht. Deshalb kann es leicht geschehen, daß sie ihn in einer Rolle festhält, in der er sie weiter braucht. Es ist für sie kein Glück, daß er stark und frei wird, denn dann wird sie selbst überflüssig und schwach.

Wenn Engel fallen, fallen sie tief

Die Alkoholikerin hat viele Charaktermerkmale mit dem Alkoholiker gemeinsam, doch in ihrem Familienhintergrund finden sich große Unterschiede. Wie der Alkoholiker trinkt sie häufig, um ihre Angst und ihr Gefühl der Unzulänglichkeit zu betäuben. Sie ist nämlich auch eine Perfektionistin, will nichts Geringeres als eine Superfrau sein und Familie, Haushalt, Karriere und vieles mehr nicht nur schaffen, sondern noch Bestnoten dabei erreichen. Außenstehende begreifen leicht, daß das nicht zu bewältigen ist. Sie hingegen nimmt es als Beweis dafür, daß sie eine Versagerin und einfach nicht gut genug ist.

Der familiäre Hintergrund der Alkoholikerin ist nicht so leicht zu beschreiben wie der des Alkoholikers. Eingeklemmte mittlere Mädchen sind überrepräsentiert, aber nicht in so markantem Grad wie alkoholabhängige kleine Brüder oder männliche Einzelkinder. Im Gegensatz zum Alkoholiker, der häufig aus einer Familie mit Brüderdominanz kommt, stammt die Alkoholikerin oft aus Familien, in denen Frauen zahlenmäßig dominieren und die Männer schwache und nachgiebige Personen sind, die nicht selten selber Alkoholprobleme haben.

Sowohl die Mutter als auch deren Mutter waren in ihrer Geschwisterreihe häufig älteste Mädchen und hatten mehr Schwestern als Brüder um sich. Diese starken Frauen hatten hohe Erwartungen an ihre Töchter, denn in ihrer Familie waren nun mal Frauen das starke Geschlecht. Sie trugen die Hauptlast und sorgten dafür, daß alles funktionierte.

Viele Alkoholikerinnen haben ihren Vater verloren, bevor sie fünfzehn Jahre alt waren. Oluf Martensen-Larsen kennt jedoch keine Alkoholikerin, die in der Kindheit oder Jugend ihre Mutter verlor. Öfter als der Durchschnitt hatten der Vater und Großvater eine Schwäche für Alkohol und begingen eventuell Selbstmord. Dagegen ist bei Großmüttern von Alkoholikerinnen Selbstmord als Todesursache unbekannt; sie erreichen oft sogar ein hohes Alter.

Diese familiären Zusammenhänge sind wahrscheinlich dafür verantwortlich, daß die Tochter nicht imstande war, den hohen Erwartungen der starken Frauen zu entsprechen. Da sie außerdem eine recht vage und unsichere Auffassung von den Männern der Familie hat, hat sie später oft Schwierigkeiten, eine befriedigende, gleichberechtigte und dauerhafte Partnerschaft einzugehen. Häufig heiratet sie einen wesentlich älteren Mann – einen Vaterersatz –, um später einen jüngeren Partner zu suchen, für den sie eine Art Mutter sein kann. Den gleichaltrigen, gleichwertigen Partner findet sie nicht so verlockend.

Alkoholiker und Alkoholikerinnen entwickeln oft eine unglaubliche Fähigkeit, ihren Alkoholmißbrauch zu verbergen. Da Alkoholikerinnen der sozialen Ächtung stärker ausgesetzt sind als Alkoholiker, verbergen Frauen ihre Alkoholprobleme meist auch vor Kollegen und Familie und nicht zuletzt vor sich selbst. Sie trinken selten in aller Öffentlichkeit wie Männer, sondern vor allem innerhalb der eigenen vier Wände und vorzugsweise, wenn sie allein sind. Das eine Glas Rotwein, mit dem sie anfingen, wenn das Haus zur Ruhe gekommen ist, wird langsam und unmerklich zu mehreren. Ihr Leben wirkt weiterhin völlig in Ordnung, und sie reden sich ein, die Angst und die Unzufriedenheit, die sie mit Alkohol zu betäuben versuchen, sei nur ein vorübergehender Zustand.

Wie schwierig es für eine perfektionistisch eingestellte Frau und ihre Familie ist, ein Alkoholproblem zu erkennen, sieht man unter anderem daran, auf welch unterschiedliche Weise Alkoholiker und Alkoholikerinnen Hilfe suchen. Während es bei den Männern oft jemand in der Familie oder ein Kollege ist, der eingreift und sagt: «Stopp, jetzt ist es genug! Du brauchst Hilfe» und der daraufhin telefoniert und einen Termin abmacht, sucht die Alkoholikerin oft psychiatrische Hilfe, ohne zu erzählen, wo das Problem liegt. Erst nach einer Reihe von Gesprächen kommt es widerwillig und wie zufällig heraus. Das große Tabu, das weiblicher Alkoholismus darstellt, hindert noch immer viele daran, Hilfe zu suchen, und bewirkt, daß sie in eine immer tiefere Krise geraten. Ihr Gefühl, Versagerinnen zu sein und den Anforderungen, die an sie gestellt werden, nicht gewachsen zu sein, steigt gleichzeitig mit ihrer Unzufriedenheit mit sich selbst. Sie erleben am eigenen Leib: Wenn Engel fallen, fallen sie tief.

15 Homosexualität

Daß der familiäre Hintergrund auch von Bedeutung für die Entwicklung homo- bzw. heterosexueller Neigungen sein kann, läßt unter anderem eine Untersuchung von 200 homosexuellen Männern vermuten. Die Untersuchung wurde in Kopenhagener Clubs sowie unter Teilnehmern eines internationalen Homosexuellenkongresses durchgeführt. Keiner der Männer war in psychiatrischer Behandlung. Dagegen waren alle Stammgäste des einschlägigen Homosexuellenmilieus.

Wie bei den Alkoholikern gab es hier ein Übergewicht an jüngsten Söhnen und Einzelkindern, doch war sonst der Familienhintergrund der beiden Gruppen nicht unbedingt vergleichbar.

Die Untersuchung zeigte, daß bemerkenswert viele Mütter und Großmütter von männlichen Homosexuellen Schwestern hatten, oft sowohl jüngere als auch ältere, jedoch äußerst selten einen großen Bruder. Sie kamen also aus deutlich frauendominierten Familien. Das galt hingegen nicht für die Homosexuellen selbst, wenn man deren Geschwisterposition näher betrachtete. Einzelkinder waren überrepräsentiert. Wenn der homosexuelle Mann Geschwister hatte, dann waren es meistens Brüder. Und wenn er nicht der jüngste war – was er allerdings doppelt so häufig war wie der älteste –, sondern sowohl ältere als auch jüngere Geschwister hatte, so waren auch hier die Brüder in der Überzahl. Der gleiche familiäre Hintergrund zeigte sich bei bisexuellen Männern. Für beide Gruppen scheint charakteristisch zu sein, daß sie in Familien mit geringerer heterosexueller Atmosphäre aufgewachsen sind als Kinder, die sowohl Brüder als auch Schwestern hatten. Aufgrund dieser Daten ist zu vermuten, daß sich Homosexualität besonders in Familien entwickelt, in denen die Kinder hauptsächlich gleichen Geschlechts sind, bei männlichen Homosexuellen also nur Brüder und bei Lesbierinnen nur Schwestern. Eine solche Geschwisterkombination kann dazu beitragen, daß man eine Vorliebe für das eigene Geschlecht entwickelt.

Das spezifische Familienmuster kommt noch deutlicher zum Vorschein, wenn man eine Generation zurückgeht. Mütter von Homosexuellen stammen ungewöhnlich häufig aus einer monosexuellen Geschwisterreihe. Nur drei von 160 Müttern hatten Brüder vor und nach sich, während 33 von Schwestern umgeben waren.

Von 60 Müttern lesbischer Frauen hatte nur eine einen Bruder vor sowie einen Bruder nach sich, während 15 sowohl vor als auch nach sich Schwestern hatten.

Wenn man sowohl bei den Lesbierinnen als auch bei den männlichen Homosexuellen bis zu den Großmüttern mütterlicherseits zurückgeht, wird man wiederum feststellen, daß diese meistens aus rein weiblichen Geschwisterreihen kommen. Auf der Vaterseite ist die Eingeschlechtigkeit nicht so auffällig. Doch zeigt die Untersuchung in die Richtung, daß mangelnder oder schlechter Kontakt zum Vater mit eine der Ursachen für Homosexualität sein kann. Von 70 lesbischen Frauen hatten nur zwei den Kontakt zur Mutter verloren, neun den Kontakt zu beiden Eltern und 16 hatten ihren Vater verloren, bevor sie 15 wurden. Sowohl für Männer als auch für Frauen deuten die Zahlen darauf hin, daß ein unzureichender Kontakt zum Vater und das fehlende Erleben einer Vater-Mutter-Beziehung eine Tendenz zur Homosexualität bewirken können.

V Ein eigenes Familienschema anlegen

16 Das Familienschema

Ob man ein größeres Wissen über sich selbst, seine Herkunft und die Dynamik und Entwicklung seiner Familie anstrebt, ob man von Beruf Psychologin, Psychiater, Sozialpädagogin oder Lehrer ist und Familienforschung als Werkzeug benutzt, um einen anderen Menschen und seine Situation zu verstehen – ein Familienschema kann helfen, die Rollen innerhalb der Familie zu bestimmen und zu interpretieren.

Jeder Mensch ist vor dem Hintergrund ganz bestimmter Verhältnisse aufgewachsen, die ihn geprägt und die in entscheidender Weise mitgewirkt haben, seine Persönlichkeit zu formen, ohne daß er diesen Verhältnissen besondere Bedeutung beigemessen hat. Oft muß man eine oder mehrere Generationen zurückgehen, bevor man das Muster entdeckt, das die Charakterzüge und die Persönlichkeit eines Menschen spiegelt und erklärt. Denn niemand ist ohne die Einwirkung und das Erbe früherer Generationen zu dem geworden, was er ist.

Es kann schwierig sein, alle Teile im Familienpuzzle passend zusammenzusetzen, manche werden vielleicht nie gefunden. Aber man kommt schon ein gutes Stück voran, wenn man auf einige wenige zentrale Fragen die Antworten findet. Die folgenden Fragen könnten weit detaillierter sein und sollen nur eine Anregung sein, den Dingen selbst auf den Grund zu gehen und weitere Zusammenhänge aufzudecken. Die Antworten werden für sich genommen nicht sehr ergiebig sein. Doch in ihrer Gesamtheit können sie die Aufmerksamkeit auf eine Reihe von Umständen und Linien in der Entwicklung der Familie lenken, die die Lösung eines Problems enthalten oder ein besseres Verständnis bestimmter sich wiederholender Reaktions- und Handlungsmuster vermitteln.

Wenn Sie Ihr eigenes oder das Familienschema einer anderen Person erstellen wollen, sollten Sie Zahlen und Details mit Sorgfalt behandeln und systematisch vorgehen. Tragen Sie die Angaben in ein Familienschema ein, wie es von Genealogen und Familienforschern benutzt wird (siehe Seite 192) und in dem Felder für die Hauptperson und ihre Eltern, Großeltern und Urgroßeltern vorgesehen sind. Benutzen Sie das Schema als eine Art Stichwortregister für alle Schlüsselangaben und ergänzen Sie es mit ausführlicheren Angaben in einem Block oder Notizbuch. Im eigentlichen Familienschema ist es wichtig, daß Sie alle Schlüsselangaben niederschreiben, auch wenn Sie die eine oder andere Antwort auswendig wissen – das sichert einen umfassenden Überblick. Das Familienschema ist das Grundskelett Ihrer Geschichte.

Die Symbole im Familienschema

♀ Frau	♂ Mann
Schlüsselperson	Schlüsselperson
Fehlgeburt oder Totgeburt	Fehlgeburt oder Totgeburt
dominierend	dominierend
ausgewandert	ausgewandert
mit 45 noch ledig	mit 45 noch ledig
ist/war psychisch krank	ist/war psychisch krank
hat/hatte Alkoholprobleme	hat/hatte Alkoholprobleme
homo- oder bisexuell	homo- oder bisexuell
Brennpunkt	
△ Hochzeit der Eltern	△ Hochzeit der Eltern

So gehen Sie vor

Für das Folgende gehen wir davon aus, daß Sie Ihr eigenes Familienschema erstellen. Aber die Fragen können natürlich ebensogut auf Partner, Klienten, Patienten oder Schüler übertragen werden.

- Schreiben Sie Namen und Geburtsdatum in Feld 1.
- Tragen Sie Ihre Geschwister in chronologischer Reihenfolge mit Namen und Geburts- (und Todes-)Datum ein.
- Rechnen Sie den exakten Altersunterschied aus und schreiben Sie ihn zwischen die Geschwister. So kann man sofort sehen, ob zwei Geschwister Pseudo-Zwillinge sind oder ob sie «Platz» hatten.

Ein dichtbeschriebenes Familienschema kann sehr unübersichtlich wirken und Schlußfolgerungen erschweren. Ein wenig Visualisierung macht vieles leichter. Schreiben Sie das Symbol für Mann oder Frau vor jede Person – und geben Sie der Hauptperson und deren Eltern, Großeltern und Urgroßeltern ein Quadrat statt eines Kreises, damit man die Schlüsselpersonen schnell finden kann. Wenn man den Zeichen für Mann und Frau jeweils eine eigene Farbe gibt, kann man schnell sehen, ob in einer Familie ein Übergewicht an Männern oder Frauen besteht.

Ansonsten ist es gar nicht so kompliziert. Feld 1 in einem Schema kann beispielsweise folgendermaßen aussehen, wenn die ersten Angaben eingetragen sind:

♂ Sören: 24. Dezember 1950
(3 Jahre u. 7 Monate)
♀ Inge: 28. Juni 1954
(5 Jahre u. 10 Monate)
□ Peter: 16. April 1960

Bevor Sie weitergehen und in die Felder 2 und 3 die Eltern und deren Geschwisterreihen eintragen, denken Sie etwas eingehender über Ihre beruflichen und familiären Verhältnisse und die Ihrer Geschwister nach und notieren Sie die Antworten auf folgende Fragen:

- Welche Ausbildungen haben Sie und Ihre Geschwister gewählt? Wie paßt das ins Familienmuster? Hobbys können ebenfalls wichtige Indikatoren für Persönlichkeitsmerkmale sein.
- Wie sieht es im privaten Bereich aus? Sind Sie und Ihre Geschwister verheiratet, haben Sie mehrere verschiedene Partner gehabt oder leben Sie allein? Haben Sie durch Ihre Partnerwahl versucht, abgebrochene Zweige an den Familienbaum zurückzubringen? Erinnert Ihre Frau/Ihr Mann an einen Großvater/eine Großmutter, oder bestehen Ähnlichkeiten mit anderen Familienmitgliedern?

Beim Ausfüllen der Punkte a bis i in Feld 1 sollten Sie nach Möglichkeit die Angaben im Schema vervollständigen, beispielsweise durch die Beantwortung der folgenden Fragen:

- Wann haben Ihre Eltern geheiratet?
- Wie alt waren sie zu diesem Zeitpunkt?
- Wie groß war der Altersunterschied? Spiegelt er sich in Ihrer eigenen Partnerschaft oder der Ihrer Geschwister wider?
- Wie lange kannten Ihre Eltern sich und hatten eine feste Beziehung, bevor sie ihr erstes Kind bekamen? Wenn es zwei Monate nach der Hochzeit kam, war es vielleicht nicht geplant, und das Ungeborene hat Unsicherheit in bezug auf seine Entstehung erfahren.
- Wie alt war Ihre Mutter, als Sie geboren wurden? Sind Sie eine Frau und haben dieses Alter schon überschritten, versuchen Sie, sich zurückzuerinnern, ob etwas Markantes sich ereignete, als Sie in ungefähr dem gleichen Alter waren. Es braucht nicht auf den Tag genau zu sein, aber achten Sie darauf, was geschah, als Sie im gleichen Le-

FAMILIENSCHEMA

a w.u. b c d e f g h i 2	Geschwisterreihe	Siehe unten	a. u.a b c d e f g h i 3	Geschwisterreihe	Siehe unten

a Vaters Alter b. Geburt b Mutters Alter b. Geburt c Alter b. Verlust d. Vaters d Alter b. Verlust d. Mutter e Alter b. Auszug a. d. Elternhaus f Partnerschaft seit g Ehe von – bis h Altersunterschied ± i Erreichtes Alter	Geschwisterreihe	Nachname Geb. Name Vorname Geb.-Datum Beruf Ausbildung Interessen Krankheiten Sonstiges

1 Hauptperson	Familienschema begonnen 19

Vater…	Mutter…	V..	M..	V..	M..	V..	M..	V..	M..	V..	M..	V..	M..	V..	M..

Vater d. Großv. 8 väterl.	Mutter d. Großv. 9 väterl.	Vater d. Großm. 10 väterl.	Mutter d. Großm. 11 väterl.	Vater d. Großv. 12 mütterl.	Mutter d. Großv. 13 mütterl.	Vater d. Großm. 14 mütterl.	Mutter d. Großm. 15 mütterl.

a b c d e f g h i	a b c d e f g h i	a b c d e f g h i	a b c d e f g h i.
4 Großvater väterl.	5 Großmutter väterl.	6 Großvater mütterl.	7 Großmutter mütterl.

bensabschnitt waren und Ihren sogenannten Brennpunkt erreichten. Haben Sie damals Ihren Partner getroffen, kam Ihnen damals der Gedanke, eine Familie zu gründen, wechselten Sie die Arbeit, oder entschlossen Sie sich zu einem Auslandsaufenthalt?

- Auch Männer können für spezielle Erlebnisse disponiert sein, wenn sie das Alter erreichen, in dem ihre Mutter bei ihrer Geburt war. Auch wenn es vielleicht nicht so offen zutage liegt, vielleicht ist doch etwas Interessantes zu finden?
- Sehen Sie sich auch das Alter Ihres Vaters genauer an. Sind Sie eine Frau, so hat das Alter des Vaters bei Ihrer Geburt vielleicht Bedeutung dafür gehabt, welchen «Jahrgang» Mann Sie am anziehendsten finden oder mit welchem «Jahrgang» Sie am besten zusammenarbeiten.
- Wenn Sie ein Mann sind und selbst Vater, haben Sie vielleicht ein stärkeres Vatergefühl empfunden, als Sie in das Alter kamen, in dem Ihr Vater war, als Sie geboren wurden.
- Untersuchen Sie auch, was für wichtige Ereignisse es in Ihrer Kindheit gegeben hat. Nicht, wann Sie Ihren ersten Milchzahn bekamen, sondern größere, einschneidende Ereignisse. Haben Sie in frühen Jahren Ihre Eltern verloren? Haben Sie eine schwere Krankheit oder andere Krisen durchlebt, zum Beispiel die Scheidung der Eltern? Wie alt waren Sie da? Vielleicht haben Sie diese Zeit mehr oder minder unbewußt mit Ihren Kindern noch einmal durchlebt, indem Sie Ihren inneren Film ablaufen ließen? Es könnte eine teilweise Erklärung für Depressionen, plötzliche Angstanfälle oder andere psychische Probleme sein. Sie mögen vielleicht sogar unbewußt etwas von dieser Krisenstimmung wiederbelebt haben, als Ihre eigenen Kinder in dem Alter waren, als Sie die erste Krise Ihres Lebens erlebten.

Die Geschwisterreihen von Vater und Mutter
Der nächste Schritt zurück in der Familiengeschichte ist die Elterngeneration, wobei Sie Ihren Vater und Ihre Mutter einzeln betrachten sollten, aber sonst in genau derselben Weise vorgehen wie in Feld 1.

- Wann wurden Ihre Eltern geboren?
- Wo war ihr Platz unter den Geschwistern? Beachten Sie dabei wieder sowohl das Alter der Kinder als auch die Geschlechterverteilung.

Groß- und Urgroßeltern
Füllen Sie in derselben Weise die Felder für Ihre Groß- und Urgroßeltern aus. Wenn Sie alle Daten beisammenhaben, können Sie beginnen, quer über das Schema Verbindungslinien zu ziehen. Durch Hervorhebung bestimmter Fakten, zum Beispiel Übereinstimmungen in der Geschwisterreihenfolge, kann unter anderem die Satellitenübertragung sichtbar gemacht werden, zum Beispiel, welche Charakterzüge die eigenen Eltern versucht haben, zu fördern oder in den Hintergrund zu drängen. Auch die tieferen Gründe für die eigene Berufswahl sind häufig bei den Großeltern zu finden. Oft haben die Berufe sich «vererbt», aber wie in Teil IV beschrieben, kann es von Bedeutung sein, ob zum Beispiel die Großmutter väterlicherseits früh den Vater verlor oder ob sie Einzelkind war.

Achten Sie darüber hinaus auch darauf, ob die Elterngeneration im eigenen Elternhaus aufgewachsen ist oder ob es in Ihrer, Ihres Ehegatten oder in der Geschwisterreihe der Eltern Pflege-, Adoptiv- oder Halbgeschwister gegeben hat.

Ihr Partner und Sie
Wenn Sie einen festen Partner haben und Probleme in Ihrer Beziehung lösen oder ihnen vorbeugen wollen, so ist es eine gute Idee, wenn Sie gemeinsam Ihre eigenen Schemata aufstellen und darüber sprechen, was Ihnen dabei auffällt.

- Wie sieht die Geschwisterreihe Ihres Partners aus? Ist er/sie Einzelkind, großer oder kleiner Bruder bzw. große oder kleine Schwester? Gibt es in der Familie Kinder beiderlei Geschlechts, oder kommt er/sie aus einer reinen Jungen- oder Mädchenreihe?
- Andere wichtige Bereiche, die sie näher betrachten sollten, sind zum Beispiel frühere Ehen und eventuelle Kinder daraus oder aus anderen Beziehungen. Wenn Sie sich sehr stark von dem Exmann oder von der Exfrau unterscheiden, dann hat der frühere Partner vielleicht eine Schwester oder einen Bruder oder Eltern, denen Sie ähneln und die den Kindern helfen können, die Teile des Puzzles zusammenzubringen. Der Apfel fällt nicht immer so weit vom Stamm, wie es zunächst aussehen mag.
- Wenn Sie gemeinsame Kinder haben und sich Ihre Familienschemata ansehen, versuchen Sie, so offen wie möglich zu betrachten, nach welchen familiären Vorgaben Sie und Ihr Partner mehr oder minder unbewußt versucht haben, Ihre Kinder zu formen. Ist ein Vater oder eine Mutter das Vorbild gewesen, oder ist es vielleicht eher ein Bruder oder eine Schwester, die bei der Satellitenübertragung Pate gestanden haben? Welche Eigenschaften haben Sie bei den einzelnen Kindern hervorzuheben oder zu ändern versucht? Welche besonderen Rollen haben Sie und Ihr Partner in der Familienchronik zugeteilt bekommen? Je besser man weiß, was die Rollen beinhalten, um so leichter ist es, sich daraus zu befreien und sein Leben vielleicht in eine vernünftigere Richtung zu lenken. Mit dem Manuskript in der Hand ist man besser in der Lage, unglückliche Wiederholungen zu vermeiden und einander und sich selbst besser zu verstehen und zu akzeptieren. Wenn man eine positive und differenzierte Rolle bekommen hat, kann man sich selbstverständlich darüber freuen.

Wenn Sie die jeweiligen Rollen Ihrer Eltern und die früherer Generationen studieren, können Sie mit ein wenig Übung lernen, die Regeln für das Zusammenspiel in Ihren Familien aufzudecken, und ein Verständnis dafür entwickeln, in welcher Atmosphäre Sie aufgewachsen sind. Alles das war von Bedeutung dafür, daß Ihre Familienmitglieder Ihnen gegenüber waren, wie sie waren, und daß sie Ihnen unter anderem mit ganz bestimmten Forderungen und Erwartungen gegenübertraten.

Wenn man sich selbst, einen anderen Menschen und den komplizierten Prozeß verstehen will, der den Hintergrund der Handlungen und Reaktionsmuster darstellt, dann ist es entscheidend, die familiäre Vergangenheit, die Stärken und Schwächen innerhalb der Familie zu kennen. Wenn die Großmutter mütterlicherseits ein traumatisches Erlebnis gehabt hat, wird es sich möglicherweise über Generationen auswirken und kann der Grund sein für die Neurose der Enkeltochter. Obwohl wir natürlich von Menschen und Verhältnissen außerhalb der Familie ebenso beeinflußt werden, wird man mit einer gründlichen Kenntnis der eigenen Herkunft größere Handlungsfreiheit und bessere Möglichkeiten haben, die richtigen Entscheidungen zu treffen – oder sich vielleicht damit abfinden können, warum man ist, wie man ist.

17 Ein Beispiel

Oluf Martensen-Larsen hat seit Beginn der fünfziger Jahre alle Behandlungen psychiatrischer Patienten mit der schematischen Erfassung ihres Familienhintergrunds begonnen. In diesem Abschnitt sollen die Rollen vertauscht werden. Hier legt er selbst die Karten auf den Tisch, als Beispiel für die Entwicklung einer Familie und für die Bedeutung der Geschwisterposition für deren einzelne Mitglieder.

Der erste Schritt ist, wie erwähnt, die Daten der Hauptperson in das erste Feld des Familienschemas einzutragen und danach die der älteren und jüngeren Geschwister. Feld 1 von Martensen-Larsen sieht im Detail folgendermaßen aus (das Gesamtschema findet sich im Anschluß an dieses Kapitel):

♂ TYGE MARTENSEN-LARSEN: Geb. 10. 10. 1893. Gest. 28. 11. 1961 (an seinem 38. Hochzeitstag). Cand. jur. Polizeimeister, zuletzt in Odense. Verh. 28. 11. 1923 mit Thora Jensen, geb. 3. 8. 1903; gest. 1. 6. 1963. (15 Monate)

♂ AAGE MARTENSEN-LARSEN: Geb. 2. 1. 1895. Gest. 19. 1. 1977. Cand. theol., Pastor am Dom zu Roskilde, zuletzt Gemeindepfarrer in Gentofte. Dreimal verheiratet:

1) 23. 20. 1926 mit der Schwedin cand. theol. Märta Holm, geb. 7. 10. 1895; gest. 21. 1. 1929 im Kindbett.
2) 15. 7. 1931 mit der Schwedin phil. mag. Maria Lundén, geb. 30. 7. 1893; gest. 19. 4. 1947.

3) 15. 10. 1949 mit der Krankenschwester Maria Madsen, geb. 15. 5. 1907; gest. 28. 8. 1986.
(14 Monate)

♂ HENNING MARTENSEN-LARSEN: Geb. 18. 2. 1896. Gest. 22. 8. 1962. Forstwirt, Förster im Tiergarten Jægersborg, zuletzt in Gråsten. Verh. 30. 10. 1923 mit Inger Stæhr, geb. 17. 1. 1904; gest. 25. 4. 1958.
(14 Monate)

♀ ANNE MARIA MARTENSEN-LARSEN: Geb. 20. 4. 1897. Gest. 7. 2. 1920 an Grippe. Sie war zu dem Zeitpunkt Schwesternschülerin.
(2 Jahre 9 Monate)

♂ GUNNAR LUDVIG MARTENSEN-LARSEN: Geb. 24. 1. 1900. Gest. 19. 10. 1918 an Grippe. Er war zu der Zeit in der Zahnarztausbildung.
(3 Jahre)

♀ EDITH VIRGINIE MARTENSEN-LARSEN: Geb. 19. 3. 1900. Krankenschwester.
(9Jahre 9 Monate)

♂ OLUF MARTENSEN-LARSEN: 3. 12. 1912. Facharzt für Psychiatrie. Verh. 17. 1. 1936 mit Else Paludan-Müller, geb. 9. 11. 1911, Befehlshaberin der Frauen-Luftwaffe.

Kirsten Sørrig: Betrachtet man die Angaben in Feld 1, fällt sogleich auf, daß Sie ein kleiner Bruder in einer großen Geschwisterzahl waren – insgesamt sieben, davon fünf Jungen. Und mit fast zehn Jahren Abstand zum nächstjüngsten waren Sie auch ein ausgesprochener Nachkömmling. Was hat das für Ihr Verhältnis zu Ihren Geschwistern bedeutet?

Oluf Martensen-Larsen: Es bedeutete Zeit und Platz. «Auf dich habe ich mich wirklich freuen können, denn ich hatte Zeit dazu», sagte meine Mutter immer. Das hatte sie nämlich kaum bei den vier ersten, die binnen viereinhalb Jahren zur Welt kamen.

Mit so großem Abstand zum Rest der Geschwisterreihe

bekam ich nicht nur den Status des kleinen Bruders, sondern auch den des Einzelkinds – mein ältester Bruder war ja schon neunzehn Jahre alt, als ich geboren wurde. Sowohl er als auch die anderen aus dem ältesten Teil der Geschwisterreihe wurden deshalb eine Art Reserveeltern für mich. Weil ich von den anderen so weit entfernt war, wurde ich zugleich eine Art Beobachter einer geschlossenen Geschwisterreihe – vielleicht ist das die Erklärung dafür, daß ich Psychiater wurde und daß ich anfing, mit Gruppentherapie zu arbeiten, noch bevor der Begriff hierzulande bekannt war.

KS: Bei so großem Abstand haben Ihre Geschwister Sie wohl kaum als Konkurrenten aufgefaßt, der ihre Position bedrohen könnte. Aber wie hat es sich auf die vier ältesten ausgewirkt, daß sie so dicht nacheinander geboren wurden? Sie waren ja Pseudo-Vierlinge.

OML: Es war ganz eindeutig die Nummer vier, Anne Maria, die den besten Start hatte. Teils weil es drei Jahre bis zum nächsten Kind dauerte, teils weil sie die erste Tochter war – endlich war es da, das Mädchen! Das hat eindeutige Spuren bei der Nummer drei, Henning, hinterlassen, der einen besonders schweren Stand hatte. Meine Mutter hat kaum sehr viel überschüssige Kräfte für ihn gehabt. Und mit den beiden ältesten Brüdern so dicht über sich ist er nicht allein durch seine starke Pseudo-Zwillings-Schwester von unten bedrängt worden, sondern auch von oben.

Für ihn war kein Platz. Auf einem Bild aus jener Zeit, das die vier Ältesten in chronologischer Reihenfolge zeigt, kann man direkt sehen, wie er in Bereitschaft ist, die anderen mit den Ellenbogen wegzuschubsen, damit er mehr Platz bekommt. Die anderen sind viel lockerer und sehen nicht annähernd so angespannt und trotzig aus. Vielleicht war der Platzmangel in seiner Kindheit mitverantwortlich dafür, daß er als Förster in Dyrehaven fand, daß nicht genug Platz war. Die Villen in Springforbi und das Bellevue Strandhotel sollten weg, damit freie Aussicht auf den Sund entstünde. Und sie kamen weg!

Unsere Mutter hatte zwei ältere Brüder, der älteste war Arzt, Nummer zwei war Förster, Henning folgte also trotz seiner Lust, eigene Wege zu gehen, einer Familienspur. Ansonsten war er derjenige von uns, der am wenigsten Familiensinn hatte. Genaugenommen war er ziemlich antifamiliär. Während wir anderen zum Beispiel gut auf die Erbstücke achtgaben, benutzte er das Mahagonibüfett von Bischof Martensen als Brutkasten für die Fasanenküken. Auf die Idee wäre Tyge, der älteste Bruder, nie gekommen. Bei ihm wäre das Büfett zum Aufbewahren von Dokumenten und Familienbriefen benutzt worden.

KS: Sie sagen, daß die Berufswahl selten auf Zufall beruht, sondern häufig von früheren Generationen beeinflußt ist. Wie paßt dies auf den Rest der Geschwisterreihe? Paßten sie auch reibungslos in die Familienmuster?

OML: Ganz und gar. Tyge wurde Jurist wie unsere beiden Großväter. Aber er benutzte sein juristisches Staatsexamen nicht, um beispielsweise Strafverteidiger zu werden, sondern er wurde Polizeidirektor – eine Rolle, die für einen großen Bruder, der daran gewöhnt ist, seine kleinen Geschwister unter Aufsicht zu halten, wie geschaffen war. Er war unser Oberaufseher und griff wesentlich rigoroser durch, wenn wir die Familienregeln übertraten, als unsere Eltern es jemals getan hätten.

KS: Eltern sehen häufig ihren eigenen Vater oder ihre Mutter in einem Sohn bzw. einer Tochter, die dadurch eine gehörige Portion zusätzlicher Aufmerksamkeit und eine Sonderstellung bekommen. Gab es dafür in Ihrer Familie klare Beispiele?

OML: Ja, besonders bei den Jungen, was sich auch auf die Berufswahl ausgewirkt hat. Bleiben wir noch einen Moment bei Tyge: Der Juristenvater meiner Mutter war auch großer Bruder; sie konnte in ihrem ältesten Sohn also ihren Vater sehen. Er war eindeutig derjenige, der zeitlebens den engsten Kontakt zu ihr hatte und der alle praktischen Dinge für sie erledigte, nicht nur finanzielle Angelegenheiten, sondern auch Kleinigkeiten wie das Aufhängen von Bildern. Er führte sogar Buch über die Abendgesellschaften mit Gästen, Sitzordnung und den Gerichten, die serviert wurden.

Sowohl mein Vater als auch Tyge hatten als große Brüder jüngere Brüder dicht auf den Fersen, was ihr Verhältnis zueinander nicht gerade förderte. Sie boten ein typisches Beispiel für einen Rangkonflikt.

KS: Zu welchem Sohn hatte Ihr Vater die engste Beziehung?

OML: Zu Aage, dem Zweitältesten. Sie waren Brüder im Geiste. Aage trat denn auch in Vaters Fußstapfen und wurde Pastor wie er. Im Unterschied zu Tyge stellte Aage Vaters Autorität als großer Bruder und Vater nie in Frage – er war ja gewohnt, daß da ein älterer und stärkerer Bruder war.

Die Beziehung zwischen Aage und Vater war deshalb so eng, weil mein Vater einen zwölf Monate jüngeren Pseudo-Zwillings-Bruder hatte, zu dem er ein enges Verhältnis gehabt hatte, der jedoch mit knapp siebzehn Jahren starb. Dieses Verhältnis versuchte er im Kontakt zu demjenigen seiner Söhne, der die gleiche Geschwisterposition hatte, wiederherzustellen.

Wie eng die Beziehung meines Vaters zu seinem Bruder war, ist vielleicht an ihren Todesurkunden zu erkennen. Sie starben beide am 13. Juli, allerdings im Abstand von vierundvierzig Jahren. Mein Vater starb nach sehr langer Krankheit; möglicherweise trug die Tatsache, daß ich, sein jüngstes Kind, gerade knapp siebzehn Jahre alt war, dazu bei, daß er genau an dem Tag bereit war, zu sterben.

Weil Aage einen so ausgesprochen engen Kontakt zu seinem Vater und außerdem eine große Anzahl jüngerer Geschwister hatte, wurde er wie er Pastor. Er war nicht der Erstgeborene, aber er hatte dennoch eine Herde unter sich. Er trat auch gern belehrend auf, nahm mich zum Beispiel mit in den Dom von Roskilde, wo Vater Pastor war. Hier zeigte er mir die Königsgräber und trichterte mir die Königsreihen und ihr Verhältnis zueinander ein. Er war für mich ein Ersatzvater, brachte mir bei, einen großen Garten zu pflegen, und zusammen haben wir den höchsten Berg Schwedens bestiegen.

Wenngleich Aage Tyges Position als großer Bruder akzeptierte, war ihr Verhältnis doch nicht frei von Problemen. Nach außen hin waren sie die besten Freunde, doch haben alle drei Jungen im ältesten Teil der Geschwisterreihe Konkurrenzspannungen zweifellos verdrängt. Als Erwachsene waren sie alle in höchster Alarmbereitschaft gegenüber Kollegen und anderen, die ihnen ihrer Meinung nach zu nahe kamen.

Während Tyge der Mündige und Dirigierende war, war Aage der Beherrschte, Gerechte und Nachdenkliche, der von klein auf daran gewöhnt war, daß es einen jüngeren und einen älteren Bruder gab und daß er nach oben und unten abgeben mußte. Es fiel ihm schwer, sich zu wehren, und charakteristischerweise war er derjenige, der nach dem Tod Anne Marias und Gunnars eine Depression durchmachte; mehr als ein Jahr lang war er außerstande, irgend etwas Konstruktives zu unternehmen.

KS: Nach Ihrer Darstellung muß Henning der am stärksten Bedrängte gewesen sein. Ihre Eltern hatten je ihren Lieblingssohn erwählt, und außerdem war ihm noch die Wunschtochter der Eltern direkt auf den Fersen.

OML: Henning war der Draufgänger. Aber im Gegensatz zu Aage konnte er überaus jähzornig werden, wie man es oft bei Menschen erlebt, die im Alltag Hemmungen haben, ihre Emotionen auszuleben. Er sorgte allerdings durch ein physisch sehr aktives Leben selbst dafür, daß er sich abreagieren konnte, und liebte Spannung und Herausforderungen. Beispielsweise nahm er im Mai 1929 an einer Autorallye von Kopenhagen nach Paris und zurück teil, die er übrigens gewann. Auch in diesem Fall zeigte er sich als der Eigenwillige, denn er machte sich auf den Weg, obwohl

Vater hoffnungslos krank war. Vater machte sich mehr Sorgen um ihn als umgekehrt.

Henning stand unter besonderem Druck, weil ihm eine tüchtige Pseudo-Zwillings-Schwester folgte. Er war gezwungen, sich maskuliner zu geben als die anderen Brüder, um der Umwelt zu beweisen, daß zwischen ihm und ihr ein Unterschied bestand. Obwohl Anne Maria Nummer vier in der Geschwisterreihe war, war ihr Status als große Schwester doch unbestreitbar, da sie das älteste Mädchen war. Sie reifte schneller, weil sie ein Mädchen war und sie außerdem durch ihre älteren Brüder die Welt der Jungen kennenlernte.

Anne Maria und Gunnar, die Nummer fünf in der Geschwisterreihe, starben beide sehr jung an Grippe. Anne Maria wurde knapp dreiundzwanzig, Gunnar knapp neunzehn Jahre alt. Anne Maria befand sich bei ihrem Tod in der Ausbildung als Krankenpflegerin. Sie war sehr warmherzig und fürsorglich, war verantwortungsbewußt und engagierte sich intensiv in freiwilliger sozialer Arbeit. Ihre Entwicklung und ihre überschüssigen Kräfte rührten nicht allein von ihrer Vorzugsstellung in der Geschwisterreihe her, sondern auch daher, daß mein Vater in ihr seine Mutter sah. Aus dem gleichen Grund war sie auch der erklärte Liebling des Großvaters. Sie war nach unserer Großmutter, seiner ersten Frau benannt, die wie sie selbst älteste Tochter mit einem älteren Bruder und ebenfalls Pastorentochter war. Es gab also hinreichend disponierende Voraussetzungen, um Ähnlichkeiten zu sehen.

Anne Maria war eine sehr liebevolle, mütterliche große Schwester, besonders mir gegenüber. Ich habe später im Leben entdeckt, daß ich am besten mit Frauen von Anne Marias Typ zusammenarbeiten kann und daß ich spezielle Voraussetzungen habe, mich in die Probleme, die sie hatte, hineinzufühlen und sie wiederzuerkennen, wenn sie mir bei Patientinnen begegnen. Als ich fünf, sechs Jahre alt war, mußte sie ins Krankenhaus, weil sie an Depression und

Angstzuständen litt. Sie hatte einen schweren Rangkonflikt mit unserer Mutter, die ebenfalls große Schwester mit jüngeren Schwestern, deren Mutter dagegen eine schwächliche kleine Schwester war, die früh ihre Eltern verloren hatte. Anne Maria paßte nicht in diese Schablone.

KS: Gunnar war über vier Jahre jünger als Henning. Bedeutete das, daß er sich aus dem Konkurrenzverhältnis, das zwischen den älteren Brüdern bestand, heraushalten konnte?

OML: Er löste Henning in der Rolle als kleiner Bruder ab. Auch wenn Mutter ihm mehr Aufmerksamkeit schenkte, war seine Rolle bestimmt nicht leicht. Er war in keiner Weise geschützt, sondern wurde eher zu einer Art Prügelknabe für die Älteren, speziell für Henning, der sich zu Recht übervorteilt fühlte. Das wurde im Teenageralter offenkundig, und als Sechzehnjähriger hatte Gunnar genug: Er zog zu Hause aus und ging auf die Realschule in Lyngby, dort wohnte er beim Rektor der Schule, der 1914 die Villa unseres Großvaters mütterlicherseits gekauft hatte. Dort fühlte er sich wohl. Er kannte das Haus – und es gab keine älteren Brüder.

Gunnars Berufswahl kann ebenfalls als Reaktion gegen die älteren Brüder verstanden werden, gleichzeitig blieb er aber in der Familientradition. Er begann das Studium der Zahnmedizin, ein Studium, das man damals recht schnell hinter sich bringen konnte. Vielleicht war es ein Versuch, die älteren Brüder einzuholen, die alle schon in ihren länger dauernden Studiengängen ziemlich fortgeschritten waren. Da der älteste Bruder meiner Mutter Arzt war, blieb Gunnar trotz allem im Familienrahmen.

KS: Anne Maria war eine starke und selbständige große Schwester. Ist Edith nach Anne Marias Tod an ihre Stelle und in ihre Rolle getreten?

OML: Edith war die typische kleine Schwester. Und die blieb sie sehr lange. Teils weil Anne Maria ja schon erwachsen war, aber auch, weil sie in vieler Hinsicht von unserer

Mutter in der Rolle der kleinen Schwester festgehalten wurde; Mutter hat vermutlich in ihrer jüngsten Tochter etwas von ihrer eigenen schwächlichen und ziemlich unbeholfenen Mutter gesehen, die auch kleine Schwester war. Erst, nachdem Mutter als Neunzigjährige starb, wurde Edith frei und bekam Format. «Mit mir hat keiner gerechnet, und Vater redete immer mit Anne Maria», sagt Edith selbst.

Partnerwahl

KS: Sie haben gesagt, wenn man dem Familienschema eine Übersicht über die Partnerwahl der Geschwister hinzufüge, könne man oft feststellen, daß sie einander dabei helfen, den Familienbaum zu pflegen und die abgebrochenen Zweige zu erneuern. Auf diese Weise kehrten die gleichen Menschentypen und Charakterzüge in verschiedenen Generationen wieder.

OML: Ja, oft geht es sogar über oberflächliche Ähnlichkeiten hinaus. Zum Beispiel wird häufig ein Partner gewählt, dessen Hintergrund haargenau zum eigenen paßt und dessen Familie von den gleichen oder ähnlichen sozialen Konflikten geprägt war.

KS: Wenn Sie ein paar der tragenden Äste nennen sollten, die Ihre Geschwister an Ihrem Familienbaum neu angesetzt haben, welche wären da die auffälligsten?

OML: Das wären unter anderem meine Großmutter mütterlicherseits und ihre weiblichen Vorfahren, die alle eine harte Kindheit hatten, und die vielen Pastoren und Pastorentöchter sowie der dänische, schwedische, deutsche und französisch-spanische Einschlag.

Sowohl Tyges als auch Hennings Partnerinnen hatten wie meine Großmutter eine harte Kindheit. Es war beinahe vorauszusehen, daß Tyge als Mutters Ältester und ihr Lieblingssohn eine Frau aussuchen würde, in deren Familie es ebenfalls schwere familiäre Probleme gab.

Aage dagegen wählte gänzlich andere Zweige des Familienbaums. Er heiratete eine schwedische Pastorentochter, und während Tyges und Hennings Frauen aus nichtakademischen Familien kamen, hatten Aage und seine Frau Märta den gleichen Hintergrund. Märta hatte das theologische Staatsexamen gemacht, aber da Pastorinnen zu jener Zeit noch auf heftigen Widerstand stießen, wählte sie einen ihrer Ausbildung entsprechenden Beruf als Lehrerin. Ihr Vater und unser Vater kannten sich schon von früher, und sie wurde Vaters unbestrittene Lieblingsschwiegertochter, wahrscheinlich aufgrund der zahlreichen Ähnlichkeiten mit seiner Mutter und mit Anne Maria. Vater redete und diskutierte stets mit Märta, und ich selbst bekam in ihr eine prachtvolle «große Schwester» und habe mich ihrer Familie immer tief verbunden gefühlt.

KS: Weder Anne Maria noch Edith haben geheiratet. Mit fünf Brüdern sollten sie eigentlich alle Voraussetzungen für den Aufbau von Männerbeziehungen gehabt haben.

OML: Brüder sind in dieser Hinsicht zwar ein Vorteil. Aber sie sind keine Garantie dafür, daß eine Frau einen festen Partner findet. Außerdem können verschiedene Umstände in unserem Familienhintergrund hier hineingespielt haben. Für Anne Maria ist vermutlich ausschlaggebend gewesen, daß sie ihren weiblichen Brennpunkt nicht erlebte – das Alter, in dem ihre Mutter sie bekam. Mutter war fünfundzwanzig Jahre alt, als Anne Maria geboren wurde, aber Anne Maria wurde ja nur knapp dreiundzwanzig, so daß sie vielleicht noch kein Bedürfnis nach Mann oder Kindern gespürt hat.

Für Edith ist es sicher von großer Bedeutung gewesen, daß in ihren ersten wichtigen Lebensjahren ein dunkler Schatten über unserer Familie lag. Unser Vater hatte damals eine sehr tiefe und langwierige Depression; sie dauerte fast fünf Jahre und hat unter anderem bewirkt, daß in Ediths ersten Lebensjahren die Dreiecksbeziehung Vater/Mutter/Kind nicht existierte. Sie erlebte statt dessen einen verzweifelten Vater und eine kämpfende Mutter.

KS: Bevor Sie mit dem Überblick über Ihre Familie fortfahren, sollten Sie vielleicht kurz Ihre Eltern vorstellen.

OML: Betrachten wir die Seite meiner Mutter zuerst. Die ist nämlich unkompliziert, wohingegen in der Familie meines Vaters einige jener spezifischen Probleme auftauchen, auf die Familienforscher manchmal stoßen und deretwegen sie oft nicht weiterkommen, wenn die Einzelteile zusammengesetzt werden sollen. Ich habe selbst viele Jahre lang das Gefühl gehabt, daß im Puzzle meiner Familie irgend etwas nicht stimmte, daß ein wichtiges Teil fehlte – und das war auf der Seite meines Vaters.

Meine Mutter Astrid Mundt (siehe Feld 3 im Familienschema Seite 220) war fünftes Kind in einer Geschwisterreihe von acht, aber da drei Geschwister sehr früh starben, wuchs sie mit zwei älteren Brüdern und zwei jüngeren Schwestern auf. Wenngleich sie als Nummer fünf geboren war, war sie doch große Schwester, da sie das erste Mädchen war, das überlebte, und außerdem beide Eltern ihre eigene Mutter in ihr sahen. Ihre Großmütter waren beide große Schwestern, so daß es nicht überrascht, daß sie das selbstsicherste und dominierendste von den Mädchen wurde.

Ejvind, der älteste Junge der Familie, wurde Arzt und war – drei Jahre älter als der nächste – ein eindeutiger großer Bruder. Die Kindheit von Nummer zwei, Knud Helge, der Förster wurde – beide Berufe kehrten in meiner Geschwisterschar wieder –, war dadurch beeinträchtigt, daß die zwei nächsten Kinder beide schon im Säuglingsalter starben. Die Trauer über den Tod der zwei Kinder muß das Elternhaus geprägt haben, und Knud Helges Grundnatur war depressiv. Er war zeitlebens ein Grübler und Denker. Er war das am stärksten eingeklemmte Kind der Familie.

Gerda, das mittlere Mädchen, war zweieinhalb Jahre jünger als Mutter; sie wurde die «Haustochter» der Eltern und blieb zu Hause wohnen, bis beide Eltern gestorben waren, der Vater mit einundneunzig Jahren. Ihre Position als mittleres Mädchen hat vermutlich dazu beigetragen, daß sie nie heiratete. Die beiden ältesten Mädchen lebten in einer lebenslangen Konkurrenz, in der es darum ging, wer von ihnen am meisten leistete. Mutters Leistung waren sieben Kinder. Tante Gerda schrieb und übersetzte siebzig Bücher und war außerdem siebenundzwanzig Jahre lang Mitglied der Kopenhagener Stadtverordnetenversammlung und dreizehn Jahre Mitglied des Folketings. Sie hatte zwei Pflegekinder – und ich hatte in ihr eine wundervolle Tante.

Die jüngste Schwester, Marie, stand ganz außerhalb des Wettstreits und der Eifersucht der Ältesten. Während Mutter als Zwanzigjährige heiratete, heiratete Marie mit dreißig einen Witwer mit zwei Kindern. Sie war Krankenschwester und bekam selbst fünf Kinder. Aber es war irgendwie, als hätten ihre Leistungen nicht das gleiche Gewicht wie die der anderen.

Es lohnt im übrigen die Mühe, genauer darauf zu achten, was geschah, als die drei Schwestern ihren weiblichen Brennpunkt erreichten. Meine Großmutter war 31 Jahre und 7 Monate alt, als sie meine Mutter bekam. Als Mutter selbst so alt ist, stillt sie noch ihr Kind Nummer sechs. Sie begann also nicht erst, als sie ihren Brennpunkt erreichte, eine Familie zu gründen – das war schon passiert. Aber der Brennpunkt ist trotzdem erkennbar, denn das Kind, das sie stillt, ist Edith, die Tochter, zu der sie das engste Verhältnis hatte. Anne Maria war die Tochter meines Vaters, sie war die große Schwester wie seine Mutter, während Edith kleine Schwester war wie Mutters Mutter. Der Brennpunkt der Mutter und Ediths Geschwisterposition haben beide dazu beigetragen, einen überaus engen Kontakt zu schaffen. Aus Ediths Sicht war er allzu eng. Edith wurde in einer sehr stark begrenzten Rolle festgehalten, weil unsere Mutter so stark und dominierend war.

Gerda Mundt erreichte ihren Brennpunkt mit vierunddreißig und markierte ihn dadurch, daß sie Mitglied des Gemeinderats wurde und damit in die Politik eintrat.

Marie Mundt erreichte ihren Brennpunkt mit 37 Jahren

und 6 Monaten. Im Monat davor hatte sie ihr viertes Kind geboren, eine Tochter, und im Jahr danach bekam sie ihr Kind Nummer fünf, einen Sohn. Sie war, muß man sagen, in dieser Phase also besonders produktiv.

Großmutters harte Jugend

Astrid Mundt war die Tochter Anna Augusta Paulsens (Feld 7) und des Rechtsanwalts Jodochus Henrik Mundt (Feld 6). Anna Augustas Mutter hieß Nina Cathrine von Holten (Feld 15) und wurde 1804 in Westindien geboren. Nina und ihre Schwester kamen mit dem Vater nach Dänemark, nachdem ihre Eltern 1812 geschieden worden waren. Die zwei älteren Brüder blieben beim Militär jenseits des Atlantiks.

J. H. Mundt war ein Sohn von Carl Emil Mundt (Feld 12) und Caroline Amalie Jørgensen (Feld 13). Carl Emil Mundt war Lektor an der Akademie von Sorø, Verfasser mathematischer und astronomischer Lehrbücher, Mitglied der Grundgesetzgebenden Versammlung und Landstingsabgeordneter. Die Familie Mundt kann im übrigen auf einen Pastor in Lübeck zurückgeführt werden, der 1595 starb. Der erste kam aus Hamburg hierher und war von Beruf Goldschmied.

KS: Sie haben mehrmals betont, daß Ihre Großmutter Anna Augusta eine schwache und unselbständige kleine Schwester war, und daß Ihre Mutter Ihre Schwester Edith nach ihr geformt habe. Doch warum war sie so schwach? Das wird man doch nicht zwangsläufig, nur weil man die kleine Schwester ist und vier ältere Geschwister hat?

OML: Nein, natürlich nicht. Die kleine Schwester kann ohne weiteres die freieste und mutigste der ganzen Reihe werden. Entscheidend war in ihrem Fall nicht die Position als kleine Schwester, sondern der Umstand, daß sie im Vergleich zu den anderen Kindern eine harte Kindheit und Jugend hatte. Sie war nur zwei Jahre alt, als ihr Vater starb, und elf, als sie ihre Mutter verlor. Es ist einleuchtend, daß sie wesentlich härter getroffen wurde als beispielsweise ihr ältester Bruder, der zwanzig war, als die Mutter starb, und deshalb ganz anders damit fertig wurde. Anna Augusta wurde bei Fremden in Kopenhagen in Pflege gegeben, mußte aber mehrmals wechseln, da sie schlecht behandelt wurde.

Wie bereits gesagt, glaube ich, daß Großmutters schwere Jugend meine Brüder Henning und Tyge bei ihrer Partnerwahl beeinflußt hat. Anna Augusta selbst wählte einen starken großen Bruder zum Mann. Sie starb vor ihm. Tyges Frau, die mit ihm auch einen starken großen Bruder bekam, auf den sie sich stützen konnte, überlebte ihn, starb aber kurz nach seinem Tod. Als er fort war, wurde das Leben für sie zu schwer.

KS: Ihre Mutter war eine starke und effektive Person, wie auch Ihre Tante, Gerda Mundt. Wie aber kann eine schwache Frau wie Ihre Großmutter so starke und tatkräftige Töchter bekommen?

OML: Das kann sie ohne weiteres. Einerseits ist sie es nicht allein, die ihre Kinder beeinflußt, anderseits war ihre eigene Mutter eine starke und selbständige große Schwester. Auch wenn Großmutter erst elf Jahre alt war, als sie sie verlor, hatte sie wohl ein klares Bild von ihr, das sie für ihre unbewußte Satellitenübertragung benutzen konnte. Die Empfängerin war insbesondere meine Mutter, denn sie war diejenige Tochter, die in ihrer Geschwisterposition die meisten Ähnlichkeiten mit Großmutters eigener Mutter aufwies. Beide hatten zwei ältere Brüder und mindestens eine jüngere Schwester. Großmutter hat deshalb unbewußt erwartet, daß ihre älteste Tochter aus dem gleichen Stoff gemacht war wie ihre eigene Mutter, daß sie ebenso stark wäre wie jene. Deshalb hat sie ihr eine Menge Aufgaben und Verantwortung übertragen – und damit eine Menge Selbstvertrauen. Was Gerda Mundt betraf, sah es etwas anders aus. Während meine Mutter brav dem Vorbild der Großmutter folgte und wie sie eine große Kinderschar bekam, war Tante Gerda auf anderen Gebieten fruchtbar. Sie verkehrte viel bei Großmutters ältester Schwester Nina und deren Mann, der Folketingsabgeordneter und Stadtrat in Kopenhagen war; wahrscheinlich hat sie einen großen Teil ihres Interesses für Politik von ihm.

Der Bischof war Modell

KS: Die Vaterseite Ihrer Familie stellt sich etwas komplizierter dar. Betrachten wir zuerst die Geschwisterreihe Ihres Vaters (Feld 2). Ihr Großvater, Erhard Florian Larsen, war zweimal verheiratet, und zwischen den Geschwisterreihen aus der ersten und der zweiten Ehe bestand ein sehr großer Altersunterschied. Die jüngste Halbschwester Ihres Vaters, die «kleine Schwester» Virginie, ist ja nur knapp ein halbes Jahr älter als Sie, der Sie sogar der Nachzügler der Familie waren. Bedeutete der große Altersunterschied, daß die zwei Geschwisterreihen Ihres Vaters vollständig unbeeinflußt voneinander waren?

OML: Bestimmt nicht, aber sie sind natürlich nicht mit der gleichen Rollenverteilung aufgewachsen wie eine gewöhnliche große Geschwisterreihe. Der große Altersunterschied war ja auch für mich überaus wichtig. Wenn man eine gleichaltrige Tante hat, die zum eigenen Vater Hans sagt, den man selbst damals nie beim Vornamen zu nennen gewagt hätte, dann fängt man an nachzudenken. Mich hat es dazu veranlaßt, in Familienbahnen und an Reihenfolgen zu denken und die Zusammenhänge zu hinterfragen. Auf jeden Fall haben mich Familienstammbäume schon früh beschäftigt – und das tun sie ja noch heute.

KS: Ihr Vater war also großer Bruder – die typische Position bei Pastoren.

OML: Man wird nicht automatisch Pastor, nur weil man der Älteste ist – Pastoren sind einfach nur häufig die Ältesten. Ausschlaggebend für meinen Vater ist wohl gewesen, daß er sehr stark von seiner Mutter Anna Maria beeinflußt war, der Tochter von Hans Lassen Martensen, der Bischof war. Sie hat in ihrem ältesten Sohn ihren Vater gesehen.

KS: Ihre große Schwester Anne Maria war die Lieblingstochter Ihres Vaters. Spiegelte sich darin die ungewöhnlich enge Beziehung zu seiner eigenen Mutter wider?

OML: Sie hatten eine ungewöhnlich enge Beziehung, wofür es eine Reihe von Gründen gab. Seine Mutter, Anna Maria Martensen, nach der die Lieblingstochter benannt war, starb mit siebenundvierzig Jahren an Tuberkulose. Da war sie bereits mehrere Jahre schwer krank gewesen, und Vater wurde wegen ihrer Krankheit als Vierzehn-, Fünfzehnjähriger in die Erziehung der jüngeren Geschwister eingespannt. Der enge Kontakt zwischen ihnen wurde dadurch verstärkt, daß er ihr ältester Sohn war – ihr Vater war ebenfalls der Älteste –, aber wohl auch durch die Tatsache, daß es sowohl in ihrem eigenen als auch in ihres Mannes Hintergrund eine Tradition enger Mutter-Sohn-Beziehung gab. Vater wurde in Großmutters Brennpunkt gezeugt.

Die Großmutter Anna Maria Martensen (Feld 5) war Tochter von Helene Mathilde Hess und Bischof Hans Lassen Martensen (Feld 11 und 10). Helene Hess' Vater Mathias Hess war Kapitän, ihre Mutter war Metha Christine Hansen. Die Vorfahren von Mathias Hess stammten aus Deutschland.

Helene Hess war dreißig Jahre alt, als sie starb, und hinterließ die Kinder Anna Maria von sechs und Julius von acht Jahren. Der Tod der Mutter bewirkte, daß Anna Maria sehr früh in die Rolle der Reservemutter aufrückte. Diese Rolle behielt sie auch, als ihr Vater später Virginie Bidoulac heiratete, mit der er zwei Töchter hatte, von denen die jüngere mit nur sechs Monaten starb.

Anna Maria wurde eine starke, bestimmte und selbständige Frau und hatte sechs Kinder, wohingegen ihr großer Bruder Julius unverheiratet blieb. In der Familie wurde er als Sonderling und Eigenbrötler betrachtet, aber fachlich genoß er größten Respekt; er war Bibliothekar an der Königlichen Bibliothek und erhielt später die Ehrendoktorwürde der Universität Kopenhagen.

Julius Martensens Charakter ist vermutlich einerseits durch den frühen Verlust der Mutter nachhaltig geprägt worden – sie konnte ihm nicht helfen, ein starkes Selbstvertrauen aufzubauen – und anderseits durch den Umstand, daß sein Vater, der Bischof, auch einen schwachen Vater gehabt hatte. Der Bischof hatte selbst kein starkes Vaterbild, nach dem er seinen Sohn hätte erziehen können.

Hans Lassen Martensen wuchs in einem sehr speziellen Kindheitsmilieu auf. Er war Sohn von Anna Maria Truelsen und von Kapitän Hans Andersen Martensen und wurde knapp neun Monate nach der Hochzeit der Eltern geboren. Sie wurden 1807 getraut, als Anna Maria Truelsen siebenundzwanzig Jahre alt war und gerade ihren Brennpunkt erreicht hatte. Unmittelbar nach der Hochzeit stach der frischverheiratete Hans Andersen Martensen in See und sah seinen Sohn erst vier Jahre später, als er als Invalide nach Dänemark zurückkehrte. Das Ehepaar bekam noch ein Kind, den Sohn Niels, der aber schon mit drei Jahren 1816 starb. Sechs Jahre später verschied Hans Andersen Martensen, und der inzwischen vierzehnjährige Hans blieb allein mit seiner Mutter, die alles daran setzte, dem Sohn eine Ausbildung zu ermöglichen.

In den ersten wichtigen Lebensjahren von Hans Lassen fehlte also der Vater, und der, den er später kennenlernte, war invalid und abhängig und starb früh. Daß sich sein eigener Sohn im Vergleich zu seinen jüngeren Schwestern zu einem schwachen Charakter entwickelte, ist nicht überraschend. Männer, die mit schwachen Vätern oder ganz ohne Väter aufgewachsen sind, haben oft schwache Söhne. Ihre Töchter dagegen sind stark und tatkräftig – die Mutter konnte ja alles, und dazu erziehen solche Väter unbewußt auch die Töchter.

Es ist nicht uninteressant, daß die Lieblingstochter des Bischofs, Anna Maria Martensen, einen Mann wählte, dessen Hintergrund zahlreiche Ähnlichkeiten mit dem ihres eigenen Vaters aufwies, und daß der Vater sehr eng verbunden war mit seinem Schwiegersohn, der einige Jahre bei ihm arbeitete.

Anna Maria Martensen heiratete Erhard Florian Larsen (Feld 4), der wie der Bischof früh seinen Vater verloren hatte. Erhard war nämlich erst neun Jahre alt, als sein Vater starb. Nach dessen Tod wurden die zwei jüngeren Schwestern aus dem Haus gegeben, die eine zu einer Tante, die andere zur Großmutter mütterlicherseits, während die Mutter Erhard behielt und alles dafür tat, daß er eine Ausbildung bekam. Damals war es im übrigen sehr verbreitet, daß Jungen nach dem Verlust des Vaters zu männlichen Verwandten gegeben wurden, damit sie eine Ausbildung bekamen. Aber die Mutter arrangierte sich anders, was vielleicht damit erklärt werden kann, daß es mit der Herkunft des Sohnes etwas Besonderes auf sich hatte. An diesem Punkt beginnt die Familiengeschichte nämlich doppeldeutig zu werden und einige jener Probleme zu bieten, auf die man als Genealoge stoßen kann. Es beginnt mit Erhard Florian Larsens Vater, der kaum sein leiblicher Vater gewesen war, mit dem Kanzleiboten Jens Larsen (Feld 8). Jens Larsen war Nummer sechs von sieben Geschwistern, von denen Nummer zwei ein Bruder war, der Selbstmord beging. Der Rest waren Mädchen. Sein Vater war Gastwirt.

Jens Larsen heiratete Ane Cathrine Pihl und deren Hintergrund war auch nicht gerade vorschriftsmäßig, so daß wir einen kurzen Blick darauf werfen wollen, bevor wir auf Jens Larsen zurückkommen.

Ane Cathrine Pihl (Feld 9) war Nummer acht von zehn Geschwistern. Die ersten sieben Kinder waren allerdings aus der ersten Ehe ihrer Mutter, Mette Kirstine, mit dem Töpfer Jocum Dubiger, der am 18. Juni 1808 starb.

Mette Kirstine heiratete am 22. 12. 1809 zum zweiten Mal, und zwar den sieben Jahre jüngeren Töpfergesellen Hans Peter Pihl. Man beachte das Hochzeitsdatum und ebenso das Geburtsdatum von Urgroßmutter Ane Cathrine. Der Geburtstag der Urgroßmutter wurde zeit ihres Lebens am 22. 9. gefeiert, also exakt zehn Monate nach der Hochzeit der Eltern. Aber im Kirchenregister kann man sehen, daß der Pastor in einer späteren Eintragung den Geburtstag mit 9. 4. angegeben hat, also nur gut drei Monate nach der Hochzeit der Eltern. Damals wurde übrigens nur das Taufdatum in die Kirchenbücher eingetragen. Das ist der Grund dafür, daß in Stammtafeln aus jener Zeit die Geburtsdaten oft fehlen.

Man fragt sich, warum Mette Kirstine Dubiger so spät heiratete, daß ihre Schwangerschaft vermutlich schon unübersehbar war. Sie war zu diesem Zeitpunkt bereits eineinhalb Jahre Witwe, hätte also gut früher wieder heiraten können, ohne das Andenken ihres verstorbenen Mannes zu schädigen. Die Antwort lautet wahrscheinlich folgendermaßen: Im Jahre 1809 hausten die Spanier in Sorø, und die Töpferswitwe wird kaum von einer Einquartierung verschont geblieben sein. Da unsere Urgroßmutter Ane Cathrine sehr südländisch aussah, wie übrigens mehrere ihrer Nachkommen, ist es wohl folgerichtig anzunehmen, daß der Gast auch Anspruch auf Mette selbst erhoben hatte, so daß die Töpferswitwe einen Vater für das Kind finden mußte. Sie nahm den jüngeren Töpfergesellen, der zugleich die Leitung ihres Geschäfts mit übernehmen konnte. So ging das Ganze auf.

Die Rosen auf meiner Wange verwelkten, als ich mit Larsen verheiratet wurde

Bevor Ane Cathrine mit dem Kanzleiboten Jens Larsen verheiratet wurde, war sie Kammerzofe bei der Frau des Ministerpräsidenten Paul Christian Stemann. Ane Cathrine zog mit der Familie Stemann nach Kopenhagen um und wurde – wie ihre Mutter, die Töpferswitwe – ebenfalls in vermutlich hochschwangerem Zustand verheiratet. Die Hochzeit fand am 23. 12. 1836 im Hause der Stemanns statt. Erhard wird im Mai 1838 getauft, und sein Geburtstag wird mit dem 7. Januar angegeben, ohne Jahreszahl, so daß man glauben könnte, daß es der 7. 1. 1838 ist. Aber das richtige Datum liegt wahrscheinlich nur sechzehn Tage nach der Hochzeit, das heißt am 7. 1. 1837. Dafür spricht unter anderem, daß das Paar mit einer königlichen Sondererlaubnis heiratete, was typisch ist für Fälle, in denen die Partner nicht mündig waren oder wenn sie von heute auf morgen heiraten wollten. Es ist auch bemerkenswert, daß Erhard Florian in eine Schule kam, wo alle seine Klassenkameraden aus besten bürgerlichen Familien stammten, was für den Sohn eines Kanzleiboten ja nicht gerade zutraf. Außerdem waren alle seine Klassenkameraden ein Jahr älter als er.

Auf ihre alten Tage machte Urgroßmutter im übrigen selbst ein paar Bemerkungen, die darauf hindeuten, daß die Ehe mit Larsen eine arrangierte Vernunftehe war. Zu einem entfernten Verwandten sagte sie einmal: «Die Rosen auf meiner Wange verwelkten, als ich mit Larsen verheiratet wurde.» Und zu einem anderen bemerkte sie: «Als ich jung war, war ich in einen Schweden verliebt, aber er war zu vornehm. Wir durften nicht zusammenkommen.»

Solche Bemerkungen sind wie eine Wünschelrute für den psychologisch orientierten Familienforscher, der anfangen wird zu spekulieren, ob sich der richtige Vater nicht unter den Schweden findet, die zu dem Zeitpunkt in Kopenhagen waren. Das waren genaugenommen nicht sehr viele, denn das Verhältnis zwischen den beiden Ländern war nicht besonders warm und herzlich. Es böte sich an, in der schwedischen Gesandtschaft zu suchen, denn sonst gab es nicht viele «vornehme» Schweden in der Stadt. Wenn man das Angebot unverheirateter vornehmer Schweden im Kopenhagen jener Zeit durchgeht, erscheint Legationssekretär Uno von Troil als der sicherste Kandidat. Er war adelig und unverheiratet und hatte außerdem bereits uneheliche Kinder. Kurz nach der Geburt Erhard Florians wurde er nach Konstantinopel geschickt.

Uno von Troil (Feld 8) wurde 1803 in Finnland geboren, wo sein Vater, Freiherr Knut von Troil, Offizier und zuletzt

Landeshauptmann war. Knuts Vater, Samuel Troilius, war Bischof in Västerås und zuletzt Erzbischof in Uppsala. Samuels Vater, Groß- und Urgroßvater väterlicherseits waren sämtlich Pastoren.

1828 kam Uno von Troil nach Schweden, wo er im Jahr darauf in den diplomatischen Dienst eintrat und Kammerherr der Königin wurde. Er bewegte sich in den höchsten Gesellschaftskreisen und Vergnügungszirkeln. In dieser Zeit begann er ein Verhältnis mit der Hofdame Jaquette Gyldenstolpe, mit der er außerehelich zwei Kinder hatte.

KS: Sie sagen, daß Ihr Familienpuzzle nicht zusammenpaßte, bevor Sie dem Umstand auf die Spur kamen, daß ein Schwede Ihr biologischer Urgroßvater gewesen sein könnte. Aber es gibt doch keine Garantie dafür, daß Ihr Urgroßvater tatsächlich Schwede war, und schon gar nicht dafür, daß es Uno von Troil war.

OML: Nein, mit hundertprozentiger Sicherheit wird man das nie sagen können. Es wird immer nur eine Vermutung sein. Dafür, daß Uno von Troil der sicherste Kandidat war, sprechen aber noch weitere Gründe. In Schweden habe ich in Archiven Bilder der Familie Troil gefunden: Es gibt ausgesprochene Ähnlichkeiten zwischen den Nachkommen der Töchter Uno von Troils und den Nachkommen seines mutmaßlichen Sohns Erhard Florian Larsen.

Vergleicht man die Berufswahl und die Partnerwahl der Nachkommen Erhard Florians und der Familie Troil, stößt man auch auf manche Gemeinsamkeit. Dagegen folgen die Nachkommen von Erhard Florians Schwester einem völlig anderen Muster. Die Nachkommen der Schwester und ihre Partner sind Kaufleute oder in anderen Berufsgruppen mit Bezug zum Handel, dazu kommt als Ausnahme ein unverheirateter Arzt. Bei Erhard Florian Larsens Nachkommen finden wir dagegen lauter akademische Berufe. Es ist eine lange Liste von Pastoren und Juristen, unter letzteren ein paar Landräte und ein Offizier. Es ist ganz und gar das gleiche Muster wie bei den Troils. Sie passen perfekt. Sogar

Troils Kontakt zum Hof ist da. Erhard Florians erster Schwiegervater, der Bischof, war königlicher Hofkonfessionarius, und seine Frau Sofie Hennings war Tochter des Kabinettsekretärs der Königin. Die vier Kinder aus der ersten Ehe wählten im übrigen Partner, in deren Herkunft eine Verbindung zu Schloß Amalienborg eine Rolle spielte – von pikanten erotischen Verbindungen bis zu Hauslehrerstellungen. Schließlich hat, wie gesagt, immer ein sehr großes Interesse für Schweden in meiner Familie bestanden. Alle meine Geschwister haben beispielsweise sehr enge schwedische Freunde gehabt, mein Bruder Aage hat sogar zweimal schwedische Frauen geheiratet, und es gibt Beispiele für weitere Beziehungen. Ich selbst habe mich in Schweden stets außerordentlich wohl gefühlt und in verschiedenen Perioden meines Lebens dort gearbeitet. Mit dem Wissen über psychologisch orientierte Familienforschung, das ich im Laufe der Jahre gewonnen habe, glaube ich nicht, daß dies in so hohem Grad der Fall wäre, wenn es die schwedische *connection* nicht gegeben hätte. Als das Teilchen an seinem Platz war, da war das Puzzle meines Lebens komplett.

FAMILIENSCHEMA VON OLUF MARTENSEN-LARSEN

2 Vater

a	29.8
b	25.10
c	48.5
d	21.3
e	
f	
g	1982 12.21
h	+4.5
i	61.10

[symbol] Hans 2. 9. 1867 – 13. 7. 1929 — geb. Larsen
7 Kinder — ⌓ 7. 1866
1
♂ Ludvig 10. 9. 1868 – 13. 7. 1885
2.2
♀ Virginie 6. 11. 1870 – 26. 11. 1870
1.6
[symbol] Frederik 21. 5. 1872 – 19. 2. 1935
2.11
♀ Josepha 1. 4. 1875 – 12. 7. 1936, 3 Kinder
7.8
♂ Andreas 1. 12. 1882 – 21. 10. 1935, 3 Kinder

18.1 — ⌓ 6. 1900.
[symbol] Anna Maria 8. 1. 1901 – 1987
5.3
♂ Paul Christian 28. 3. 1906 – 1971, 3 Kinder, 1 adopt.
6.3
[symbol] Virginie 29. 6. 1912 –

Siehe unten

1. Gruppe
Namensänderung zu:
Martensen-Larsen

Vgl. Text

---

2. Gruppe
Namensänderung zu:
Florian-Larsen

3 Mutter

a	37.9
b	31.7
c	54.2
d	33.4
e	
f	
g	1982 12.21
h	÷4.5
i	90.1

geb. Mundt
♂ Ejvind 13. 11. 1863 – 16. 3. 1939, 3 Kinder
1.7?
[symbol] 1865 im Säuglingsalter gest.
1.7?
♂ Knud Helge 13. 2. 1867 – 22. 10. 1945, keine Kinder
1.3
[symbol] Gunnar 5. 1868 im Säuglingsalter gest.
2.2
[symbol] Gudrun 8. 7. 1870 am selben Tag gest.
1.7
[symbol] Astrid 16. 2. 1872 – 26. 3. 1962, 7 Kinder
2.7
[symbol] Gerda 4. 9. 1874 – 16. 9. 1956 — ⌓ 11. 1876
3.4
♀ Marie 21. 12. 1877 – 6. 2. 1968, 5 Kinder, 2 Stiefk.
2.10
♂ Oluf 29. 10. 1880 – 21. 8. 1882

Siehe unten

Astrids Interessen:
Musik, nervöse Frauen,
Männergespräche,
Küchengarten

Vgl. im übrigen die
Charakterisierung im
Text

a Vaters Alter b. Geburt	45.3
b Mutters Alter b. Geburt	40.10
c Alter b. Verlust d. Vaters	16.7
d Alter b. Verlust d. Mutter	49.4
e Alter b. Auszug a. d. Elternhaus	21
f Partnerschaft seit	
g Ehe von – bis 17. 1. 1936 –	
h Altersunterschied ±	÷1.1
i Erreichtes Alter	

Geschwisterreihe

[symbol] Tyge 10. 10. 1893 – 28. 11. 1961
1.3
[symbol] Aage 2. 1. 1895 – 19. 1. 1977
1.2
♂ Henning 18. 2. 1896 – 22. 8. 1962
1.2
[symbol] Anne Maria 20. 4. 1897 – 7. 2. 1920
2.9
♂ Gunnar Ludvig 24. 1. 1900 – 19. 10. 1918
3.2
[symbol] Edith Virginie 19. 3. 1903
9.8 — ⌓ 7. 1903
[symbol] Oluf 3. 12. 1912 –

Nachname	Martensen-Larsen
Geb. Name	
Vorname	Oluf
Geb.-Datum	3. 12. 1912
Beruf	Arzt
Ausbildung	Psychiatrie
Interessen	Familienforschung, Meteorologie, Garten
Krankheiten	
Sonstiges	

1 Hauptperson | Familienschema, begonnen 1951

a	34.3 (35)
b	27.9
c	0 (9.5)
d	50.1
e	
f	
g	17. 11. 1865
h	+2.10
i	78.1

geb. Larsen

Uno v. Troil außerehel.

♀ Emelie Jaquette 22. 7. 1832 – 1. 5. 1913

♀ Charlotta Emelina 4. 10. 1833 – 11. 1. 1911

□ Erhard Florian, Assessor am Obersten Gericht
7. 1. 1838 – 11. 2. 1916, 9 Kinder

2.10

♀ Karen Alvilde Petrine
20. 11. 1840 – 2. 5. 1902

2.10

♀ Kirstine Marie
16. 9. 1843 – 16. 2. 1915
31. 10. 1865

4. 1847

⌓ 13. 6. 1847 Jens Larsen stirbt

4 Großvater väterlicherseits

a	33.3
b	24.8
c	43.3
d	5.11
e	
f	
g	17. 11. 1865
h	÷2.10
i	47

geb. Martensen

♂ a)
Julius, Autor, Bibliothekar
22. 12. 1839 – 29. 12. 1910

1.10

□ Anna Maria
4. 11. 1841 – 12. 11. 1888, 6 Kinder

⌓ 8. 1841

♀ b)
Josepha, Lehrerin, Malerin
24. 5. 1852 – 23. 6. 1924

10.7

2.3

♀ Johanna Virginie 21. 8. 1854 – 15. 2. 1855

5 Großmutter väterlicherseits

6 Großvater mütterlicherseits

a	32.1
b	25.6
c	39.7
d	10.9
e	
f	
g	11. 6. 1862
h	+6.3
i	92

geb. Mundt

Jodochus Henrik 4. 5. 1834 – 25. 4. 1926
9 Kinder

1.9

♀ Sophie 28. 1. 1836 – 8. 11. 1844

1.7

♂ Knud Valdemar, Todestag wie Vorige
3. 9. 1837 – 8. 11. 1844

1.6

♀ Jensine Henriette 28. 2. 1839 – 26. 7. 1883
7 Kinder

1.10

10. 1840

♀ Jacobine 25. 12. 1840 – 20. 10. 1914
13 Kinder

1.8

Emilie 22. 8. 1842 – 25. 10. 1922
1 Adoptivtochter

1.4

♂ Christoffer 6. 1. 1844 – 30. 11. 1925
5 Kinder

7 Großmutter mütterlicherseits

a	49.11
b	36.4
c	2.3
d	11.2
e	
f	
g	11. 6. 1862
h	÷6.3
i	64.11

geb. Paulsen

20. 10. 1829 – 22. 10. 1829

5. 1830

1.7

♂ Christian Ludvig Holten 12. 5. 1831 – 29. 8. 1898

2?

⊙

2?

♀ Nina Sophie Frederikke 13. 3. 1835 – 16. 12. 1906
1 Fehlgeburt

1.4

♂ Frederik Ernst Wilhelm 22. 7. 1836 – 11. 12. 1922
10 Kinder

1.8

♂ Sophus Johannes 12. 3. 1838 – 20. 8. 1884
2 Kinder

2.4

Anna Augusta 26. 7. 1840 – 28. 6. 1905
9 Kinder

Freiherr Knut v. Troil	en		Dubiger	Pihl / Kirst.		Martensen	Truelsen	Hess	Hansen
42.7 29.5 22.5 9.11 – 21. 8. 1838 +7 37	geb. v. Troil ♂ Samuel Werner 3. 4. 1798 – 27. 8. 1865 (1798) 1.1 (♂) Knut 5. 6. 1799 – 1799 1.2 (♂) Knut August 21. 9. 1800 – 11. 3. 1802 1.9 ♀ Brita Maria 27. 6. 1802 – 24. 7. 1869 0.10 □ Uno 26. 4. 1803 – 9. 4. 1839 «Minister in der Türkei» 1.2 ♂ Knut Charles Emil 9. 5. 1804 – 19. 7. 1838 4.2 ♀ Johanna Sofia 1. 7. 1808 – 11. 1. 1869	geb. Larsen ♀ Anna 1793 ♂ Anders 1795 – 1840 ♀ 1797 – ? ♀ 1799 – ? ♀ Karen 1800 – ? □ Jens 30. 1. 1803 – 13. 6. 1847 Kanzleibote ♀ Lene 1805 – 76	? 37 ? 34.10 15 23. 12 1836 ÷ 7 76	geb. Dubiger ♀ 1796 ♀ 1799 – ? ♂ Jens? 1800? ♂ Johan 1801 – 22 ♀ 1803 – ? ♀ 1806 – ? ♀ 1808 – ? 22. 12. 1809 Mutter wieder vh. □ geb. Pihl Ane Cathrine 9. 4. 1810 – 2. 1887 ♂ Arent 1813 – 74 ♂ Lars 9. 7. 1815 – 13. 1. 1816	geb. Gyldenstolpe Eltern gesch. 1810 □ Jaquette 4. 7. 1797 – 7. 1. 1839 Hofdame ♂ Adolf F. 28. 1. 1799 – 26. 5. 1864 1.4 ♂ Carl 18. 5. 1802 – 31. 5. 1872	26.7 27.2 14.2 44.7 22. 12. 1838 – 11. 10. 1848 +8.7 75.5	geb. Martensen 1807 □ Hans Lassen 19. 8. 1808 – 3. 2. 1848 Bischof 4.6 ♂ Niels 4. 2. 1813 – 24. 11. 1816 2.5 ☉ Juli 1815 1817 September Umzug d. Familie n. Kopenhagen	30.1 28.5 34.8 8.5 a) 22. 12. 1838 b) 10. 11. 1848 ÷8.7 30.6	a) geb. Hess ♂ ausgewandert ♂ ausgewandert □ Helene Mathilde 19. 3. 1817 – 20. 9. 1847 ♀ 1818 – 63	b) geb. Bidoulac Name eines franz. Emigranten ♀ Virginie 8. 4. 1817 – 13. 5. 1904
8	Vater des Großvaters väterl.		9	Mutter des Großvaters väterl.		10	Vater der Großmutter väterl.	11	Mutter der Großmutter väterl.

Philip Mundt | Mette Winther

61.5
geb. Mundt

44.10
♂ Just Henrik, Bürgermeister
1. 1. 1782 – 26. 9. 1859
1.11

2.2

25
♂ Jacob, Tischlermeister
22. 11. 1783 – 5. 3. 1837, 13
2

♀ Marie
5. 11. 1785 – 16. 3. 1873
4 Kinder
2

3. 8.
1833
Christoffer, Arzt in Indien
4. 11. 1787 – 20. 1. 1828
2.11

♀ Henriette
8. 10. 1790 – 9. 5. 1881
2.4

+6.7
♂ Knud Christian, Sattler-
meister, Direktor von
Casino u. Tivoli
21. 2. 1793 – 23. 4. 1875
1.2

71.9

Hans Henrik
5. 1. 1795 – 8. 3. 1797
2.3

♀ Antoinette
12. 4. 1797 – 6. 4. 1868
5

Carl Emil, Lektor,
Mathematik, Astronomie
4. 4. 1802 – 22. 12. 1873
7 Kinder

12 Vater des Groß-

3. 12. 1776 – 3. 1. 1832
Hans H. Jørgensen | Sophie Fr. Pedersen

36.5
geb. Jørgensen

31.11

23.2
Caroline Amalie
4. 11. 1808 – 31. 1. 1845

19.2
1.11

♀ Jensine
22. 9. 1810 – 1843

3. 8.
1833
2

♀ Henriette
1812 – 1828
2

÷6.7
♂ Jens Troels, Müller
2. 10. 1814 – 20. 10. 1891

36.3

13 Mutter des Groß-

Peter Paulsen | Bertelsen de Cederfeld

54.9
geb. Paulsen

35.8
♀ Mette Augusta
19. 10. 1776 – 5. 10. 1845
1.5

25.3
Christian August
16. 3. 1778 – 21. 9. 1785
2.4

32.4
♂ Johan Peter Friedrich,
Kammerherr
28. 7. 1780 – 6. 6. 1843

2.1

18. 2.
1829
♀ Charlotte
2. 8. 1782 – 27. 3. 1855
2.3

♂ Friedrich N.W. Oberförster
1. 11. 1784 – 4. 2. 1872
3.1

+13.7
Jesper 2. 12. 1787 – 14. 2. 88
1.2

52.2
♂ Bartholomæus, Hofmeister
7. 2. 1789 – 4. 10. 1846

1.7

Carl Ludvig, Amtsvorsteher
28. 8. 1790 – 25. 10. 1842
2.7

♀ Abel Marie
Bruun
Nygaard
24. 3. 1793 – 18. 5. 1870

14 Vater der Groß-

Chr. Ludvig v. Holten
20. 2. 1829 | 23. 1. 1778
Dorothea v. Haxt.

29.11
geb. v. Holten

26.2
7. 8. 1797
1812

24.11
♂ früh gest.

38.7
♂ Carl Arnold Ludvig
Offizier in Westindien
16. 12. 1841

15

Nina Cathrine
30. 3. 1804 – 21. 9. 1851

18. 2.
1829

Frederikke
1806 – 25. 1. 1845

÷13.7

47.6
♂ Ernestus Carl Ludvig
außerehel.
18. 1. 1811 –

15 Mutter der Groß-